保育士・教師のための

発達障害のある子への効果的な対応を学ぶ

監修 上林靖子 Kanbayashi Yasuko

編著 河内美恵 Kawauchi Mie
楠田絵美 Kusuda Emi
福田英子 Fukuda Eiko

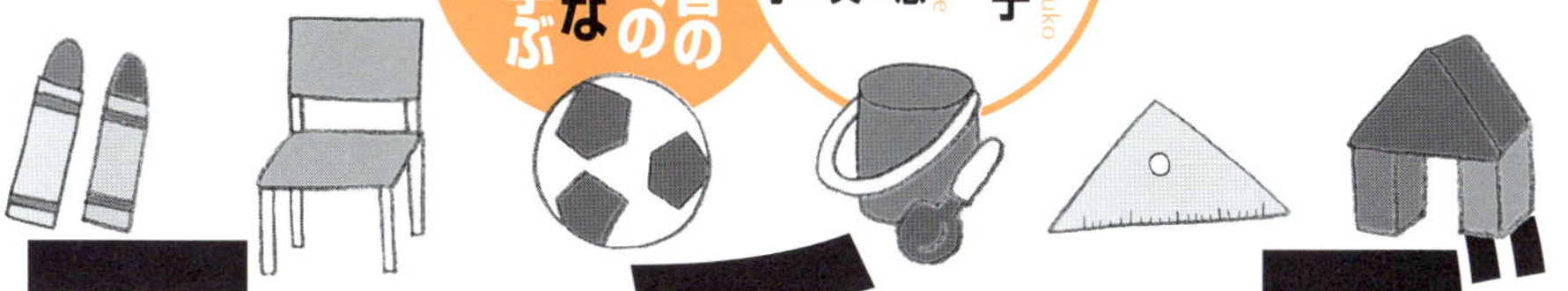

ティーチャーズ・トレーニング

TeachersTraining

中央法規

まえがき

この本は、保育園・幼稚園そして小学校で、発達障害のある子を受け持っていらっしゃる先生にはぜひ手にしていただきたい1冊です。特別支援教育の施行と共に、発達障害関連図書が数多書店にならぶようになりましたが、発達障害のある子どもの問題行動への対応を学ぶための本はまだ限られています。

本書は、発達障害のある子どものためのティーチャーズ・トレーニング(Tトレ)を主題としており、わが国では初めての書物です。

まめの木クリニックは、児童思春期の発達障害を中心とする精神科クリニックです。２００２年の開設以来、ペアレント・トレーニングを積極的に実践してきました。これは発達障害のある子の子育てに悩む親を支援するプログラムで、子どもの行動を治すのではなく、適切な対応を身につけることで、穏やかな日常生活を取り戻し、子育てが楽しくなることを目標にしています。

このプログラムを知って、ペアトレの効果に注目したのは、集団の場で、発達障害の子を指導している先生方でした。集団の場で、他の子ども達がいるクラスで使えるよう、プログラムを修正し、組み立て、検討に検討を重ね、有効性を確認し、できたのがこの形です。

行動の理論に立って、行動を3つに分ける、その上で、好ましい行動を増やす、好ましくない行動を減らす、そのために大好きな先生の注目は強いパワーを発揮しました。ほとんどペアトレと同じ形です。園・学校生活に焦点を当てた指示、クラスという集団の仲間からのパワーを取り入れ、組み立てられたのがこのプログラムです。10年余に及ぶプログラム開発と、その実践をへて、この本の出版となったことを誇りに思っています。

本書では、担任の先生が発達障害のある子どもの特徴を理解し、様々な集団の場において、その子どもへの対応の仕方を学び、実践するための具体的技法を概説しています。日常の平易なことばで、極めて簡潔に、しかも図を駆使して示されていますので、一目して内容が捉えられるものになっています。楽しくページを繰りながら、読むことができます。それだけで日常の仕事で、何らかの手応えを感じることが出来るかもしれません。

しかしその続きをイメージしてみましょう。この書は最初の一歩、次に進む入門書です。

身近にティーチャーズ・トレーニングプログラムを実践しているグループがありましたら、ぜひお奨めです。仲間といっしょにプログラムの研修会を開催する企画をするなどを職場や地域で積極的に進めてください。肯定的注目にあふれる集団は子ども達の笑顔にあふれることになるでしょう。本書がテキストとして多くの人の手元に置かれ、役立つことを願っています。

2016年6月
監修者
上林靖子

保育士・教師のためのティーチャーズ・トレーニング
発達障害のある子への効果的な対応を学ぶ

目次

STEP 2

肯定的な注目を与える＝「ほめる」

STEP 3

好ましくない行動を減らす「無視」と「ほめる」の組み合わせ

STEP 4

効果的な指示のしかた

エピローグ 幼稚園・保育園・小学校でのTトレ実践事例集 課題と解決への道すじ

プロローグ

子どもの対応に困っていませんか?

皆さんは、子どもの対応に困ったとき、どのようにしていますか?
悩んでいる先生方にはティーチャーズ・トレーニングがおすすめ!
ティーチャーズ・トレーニングって、どんなことをするの? どんな効果があるの?
そんな疑問に答えます!

1 クラスに「こんな子」はいませんか？

クラスのいろんな子どものなかでも、ちょっと手《て》強《ごわ》いタイプの子どもたち。
なかなかうまく対応できなくて、自信を失いかけていませんか？
でも、悩んでいるのはあなただけではありません。

友だちを押すなど、
手が出てしまう

いつもソワソワ、
ゴソゴソしている

考える前に
動いてしまう
部屋を
飛び出したり、
集団行動が
できない
ボーッとしていて
話を聞いていない

② 子どもと大人の間の「悪循環」

あなたが子どもの行動に困っているのは、あなたと子どもの間にある「悪循環」のせいかもしれません。「やめなさい！」など、注意ばかりしていると、子どもはよけいに言うことを聞いてくれなくなることもあるのです。

繰り返し注意することが悪循環のきっかけに

落ちつきがない、集団行動に乗れない、といった子どもに対しては、どうしても口うるさく注意することが多くなる一方、ほめることが少なくなります。

でも、そのような対応を続けて、その子どもの困った行動は減っていますか？　特に発達上の困難を抱えている子どもは、しかられても自分の行動を自分でコントロールすることが難しく、言われたことができないことも多いのです。そんな子どもをしかると、ますます手に負えない行動が増え、先生も自信を失っていく……、そんな悪循環が生まれてしまいがち。

クラスの「気になるあの子」が、あなたの指示に従わないのも、その子どもとあなたの間にある「悪循環」のせいかもしれません。

ほかの子どもと同じ伝え方ではうまくいかない子どもがいる

どうしてあの子だけは私の言うことを聞いてくれないんだろう?

まずは関係の改善をめざしましょう

＊［ ］内は先生が感じやすい気持ち

3 そんなときには「Tトレ［ティーチャーズ・トレーニング］」！

子どもの対応に難しさを感じて悩んでいるなら、「Tトレ［ティーチャーズ・トレーニング］」にトライしてみませんか？　Tトレは、ステップ・バイ・ステップで、子どもへの対応法を変えていくプログラム。特別な準備は必要なく、今日からすぐはじめられます。

Tトレ［ティーチャーズ・トレーニング］とは…

子どもを変えようと
子どもにトレーニングを
させるのではなく、
大人のほうが
子どもへの対応のしかたを見直し、
新しいやり方を取り入れていく
プログラム

大人のほうがほんの少し対応を変えます

子どもと先生の間の「悪循環」を断ち切るには、子どもを変えようとするより、先生の対応を変えていくのが効果的。そこでおすすめしたいのが、Tトレ（ティーチャーズ・トレーニング）です。

Tトレは、幼稚園や保育園の先生、小学校の先生など（ティーチャー）を対象とするプログラムです。

どなたでもできる簡単な課題からスタートして、徐々に学んでいくことができます。

Tトレの目的

「ほめる」をベースにした対応をすることで「悪循環」[5ページ]を断ち切ります

本書では、みなさんが職場でTトレのスキルを身につけていけるよう、具体的な実践法を紹介していきます。

子どもに伝わるほめ方を中心に学びます

保育園・幼稚園や小学校で落ちつきがない、集団行動に乗れない子どもは、ほかの子どもと比べるとどうしてもほめられることが少なくなります。

でも、子どもは他者からほめられてこそ自信を育むことができるのです。

そこでTトレでは、子どもを「ほめる」練習を重点的に行います。それにより、「いつもほめてくれる先生と子ども」という関係に変えていきます。

ほめられることによって子どもは、自信をもち、人から大切にされる存在であると感じられる、つまり適切な自尊心を育むことができるのです。

4 Tトレの対象はすべての子ども

自分の良い行動に注目してもらい、ほめられることは、どんな子どもでもうれしいもの。Tトレで学ぶスキルは、発達障害がある子どもはもちろん、定型発達の子どもにも活かせます。

Tトレで学んだスキルはクラス全体に活かせる

Tトレの原型は「精研式*（まめの木式）ペアレント・トレーニング（ペアトレ）」。これは、注意欠陥・多動性障害（ADHD）など、発達障害のある子どもと保護者の間に起こりがちな親子の悪循環を解消し、親子がそれぞれの自信を取り戻すために開発されたプログラムです。

しかし、「ペアトレ」を学んだ保護者や、Tトレを学んだ先生方からは、「トレーニングで学んだスキルは、どんな子どもに対しても役に立つ」と、共通する感想が多く報告されています。

ですから、子どもに発達障害があるかどうかによって、Tトレのスキルを使う・使わないなど、対応を変える必要はありません。クラスの子どもたち全体にTトレのスキルを活かした対応をしていけば、クラス運営がよりスムーズになり、子どもも先生もおだやかに過ごせる時間が増えていくでしょう。

どんな子どもにも活かせるスキルを学びます

❶ことばがある程度理解でき、❷「ほめられてうれしい」と感じられるくらいの社会性が育っている子どもに特に有効です

*国立精神神経センター精神保健研究所児童思春期精神保健部

Tトレの歴史

精研式[まめの木式]ペアレント・トレーニング[ペアトレ]

UCLA
シンシア・ウィッタム氏らにより
開発されたプログラムを
精研児童部にて日本に導入

2006年 Tトレ[ティーチャーズ・トレーニング]の誕生

幼稚園や保育園、学校の
先生方からの要望を受けて、
ペアトレを原型とした
先生向けのプログラムを
精研児童部にて開始

2010年「まめの木クリニック」でTトレ講座がスタート

Tトレとペアトレの違い

Tトレの基本はペアトレと同じ。ただし、たくさんの子どももいるなかでどう対応するか、周囲の先生や保護者とどう連携するかなど、保育園・幼稚園や小学校ならではの課題に対応できるよう、多くの現場の先生方の協力を得て内容がアレンジされています。

5 Tトレの流れ

Tトレは4つのステップで進めます。ひとつのステップをある程度身につけてから、次のステップに進むのがコツです。

ステップ1 「行動」を3つに分ける

ステップ2 「肯定的な注目」（＝「ほめる」）を与える

ステップ3 「好ましくない行動」を「無視」する

ステップ4 効果的な「指示」の出し方

4つのステップを順番に進めていく

Tトレもペアトレも、基本的な流れは同じで、上の図のような4つのステップで進めます。

ステップ1では子どもの行動を3つに分類することで、客観的に子どもを見ていきます。

ステップ2では3つに分けた行動のうち、「好ましい行動」を増やすために、ほめていきます。

ステップ3では「好ましくない行動」に否定的な注目を与える代わりに、「無視」をしていきます。

ステップ4では子どもが取るべき行動を、具体的に「指示」します。

クリニックの
Tトレ講座

学習→実践→振り返りのサイクルで進めます

私たちの「まめの木クリニック」のTトレ講座では、月1回、全6回の講義で、4つのステップを学びます。1回の講義は90～105分。当日配られるプリントをもとに、子どもへの対応法を学び、ロールプレイでやってみます。

講義の最後には、簡単な「宿題」が出ます。次回までの1か月、学んだことを職場で実践してきてもらうというものです。その次の講義では、実践した結果をもちより、感想を話し合ったあと、次のステップに進みます。

この本を読んでいるみなさんも、トレーニングに参加しているつもりで、学習→実践→振り返りを繰り返しながら進めてください。

6 Tトレに取り組むにあたって

Tトレを進める際に、心がけてほしい4つのポイントをご紹介します。どのステップにおいても、これらの約束ごとを頭に入れて取り組めば、スムーズに楽しくスキルを身につけていくことができるでしょう。

1 ステップ・バイ・ステップ

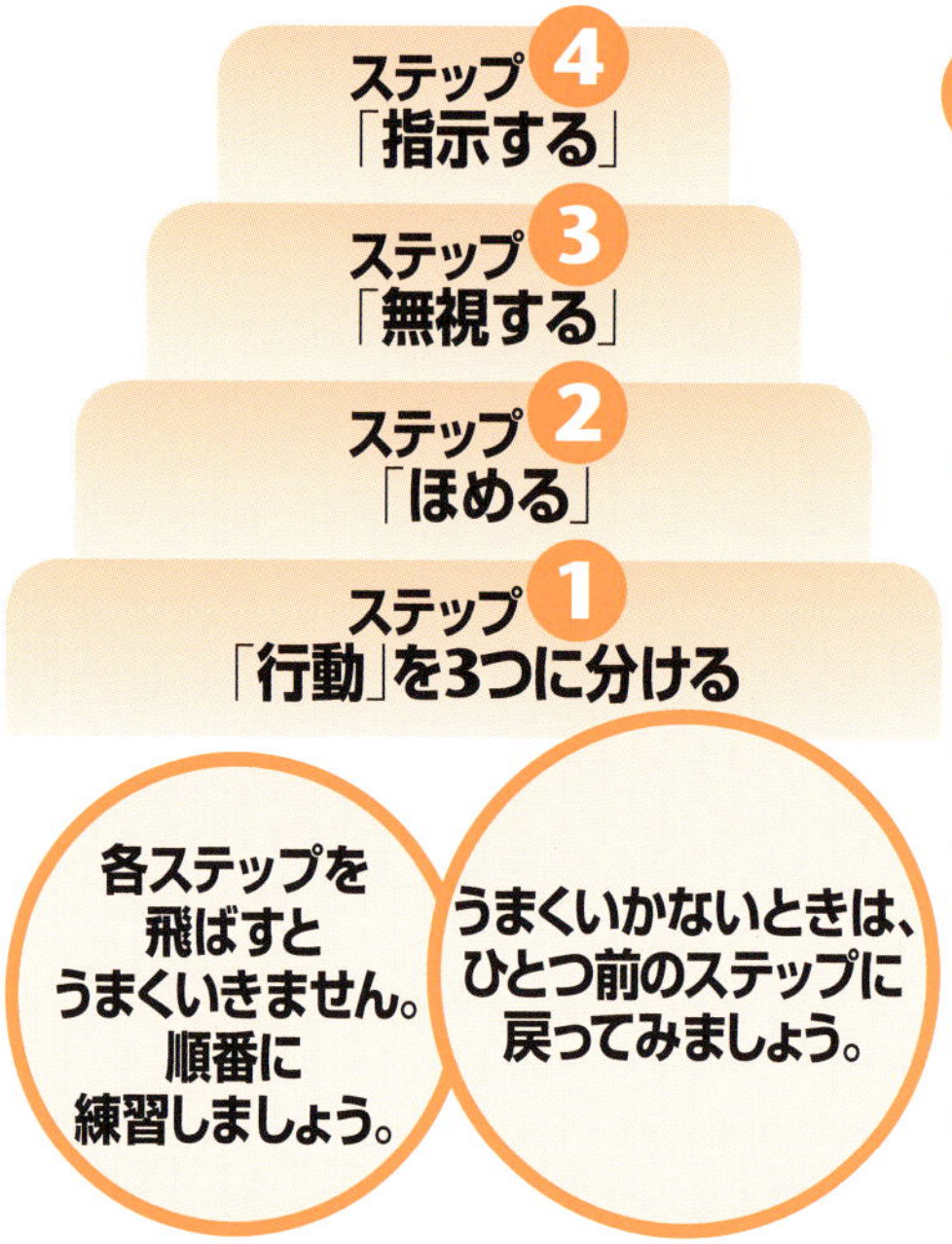
ステップ4
「指示する」
ステップ3
「無視する」
ステップ2
「ほめる」
ステップ1
「行動」を3つに分ける
うまくいかないときは、ひとつ前のステップに戻ってみましょう。
各ステップを飛ばすとうまくいきません。順番に練習しましょう。

順番を飛ばさずにじっくり取り組んで

Tトレやペアトレのプログラムは、前のステップが土台になって、次のステップに進む、「ステップ・バイ・ステップ」方式で構成されています。

ステップ1の「子どもの行動を3つに分ける」を飛ばして、いきなりステップ2の「ほめる」をやってみようとしても、何をほめたらいいかわからないことも。また、「子どもの困った行動を、すぐ減らしたい」と思って、最初からステップ3の「無視」やステップ4の「指示」をやろうとしても、やはりうまくいかないでしょう。

子どもは、ほめられることにより「好ましい行動」が増えていきます。ステップ2を飛ばしてステップ3やステップ4を行うと、子どもは行うべき「好ましい行動」がわからないまま、「無視」されたり、「指示」されたりすることになります。そうすると気を引こうとしたり、反発したりして、困った行動が増えることもあります。

各ステップを先回りせず、順番に進めるのが、Tトレを成功させるコツです。この本を読んでいるみなさんも、ステップを飛ばしたり、急いだりしないで、じっくり取り組んでみてください。

2 練習あるのみ！

ほめ
そびれ
あ、あのねっ
や、やったね
ぎこちない
ほめ方
？
繰り返すうちに
ほめることに慣れ、
効果的に
ほめられるように
りょうちゃん
ナイス!!

本を読むだけでなくやってみよう

Tトレで学ぶのは、子どもの行動に対する具体的な対処方法。心がけや考え方も大切ですが、「スキル（技術）」に重点を置きます。

このスキルは、本を読むだけでは身につきません。車の運転や料理と同じです。

運転や料理が上手になれるかどうかは、どれだけ自分でやってみるかにかかっています。Tトレも実践を繰り返して、役に立つスキルを自分のものにしていきましょう。

3 ワークシートを使ってみよう

頭で考える
だけでなく、
書くことで
客観的に行動を
とらえることが
できます

記録をつけることはスキルの定着に役立ちます

スキルを学び、実践したら、やりっぱなしでなく、ぜひ記録をつけてください。自分の対応や子どもの反応を思い出しながら紙に書くと、自然と振り返りができて、経験を次に生かすことができます。新しい困ったことが起きたときに、自分の記録に解決のヒントがあるかもしれません。

本書では、ステップごとにワークシート(記入用紙)を掲載しています。記録をつける際に活用してください。

4 自分の成功体験を見つけよう

ひろくんは
ハイタッチが
好きみたい
ハイタッチ!!
また
やってみよう
どんな対応が
効果的か、
成功体験から
気づくことが
できます

失敗を気にするより成功体験から学ぼう

思うような対応ができなかったり、子どもから予想外の反応が返ってきたりと、練習の過程では、失敗することもあるでしょう。

でも、はじめは失敗して当然。自分がうまくできたことを中心に、ワークシートに記録していきましょう。

その際、「これはうまくいったな」と成功例を振り返って、自分をほめながら進めていくことで、成功のスキルが蓄積されていきます。

STEP 1

行動を3つに分ける

Tトレで最初に実践するのは、気になる子どもを見て、「行動」を3つに分けること。
Tトレのすべてのスキルの基本となる、大事なステップです。

① 行動のABC

「Tトレ〔ティーチャーズ・トレーニング〕」は行動療法に基づいたプログラムです。最初に、前提となる「行動のABC」について知っておきましょう。

Tトレでは「結果」［C］を変えます

人がある「行動」［B］をする前には、行動の引き金となる「先行状況」［A］があります。また、「行動」［B］をすると、ある「結果」［C］が生じます。「先行状況」［A］→「行動」［B］→「結果」［C］の流れを、「行動のABC」と呼びます。

左ページのイラストは、保育園や幼稚園などでよく起こる「行動のABC」の一例です。

この例で、「友だちをせかす」という「行動」を減らすには、どうしたらいいでしょうか。三輪車を増やしたり、別の遊び道具を用意したりするなどして、「先行状況」を変えるのもひとつのやり方ですね。

このプログラムでは、［C］の「結果」を変えることで、子どもの好ましくない行動を減らしていきます。

そのために用いるのが「注目」の力〔18ページ〕なのです！

これが「行動のABC」

A
先行状況
行動の引き金

↓

B
行動

↓

C
結果

問題行動を減らすためには……
A「先行状況」を変えるのも有効

- 道具の数を増やす
- 順番を前もって決める
- トラブルを起こしやすい相手とは、離して座らせる
- 急な予定変更が苦手な子どもには、前もって変更を伝える

など、その子どもに合わせた工夫をしましょう。

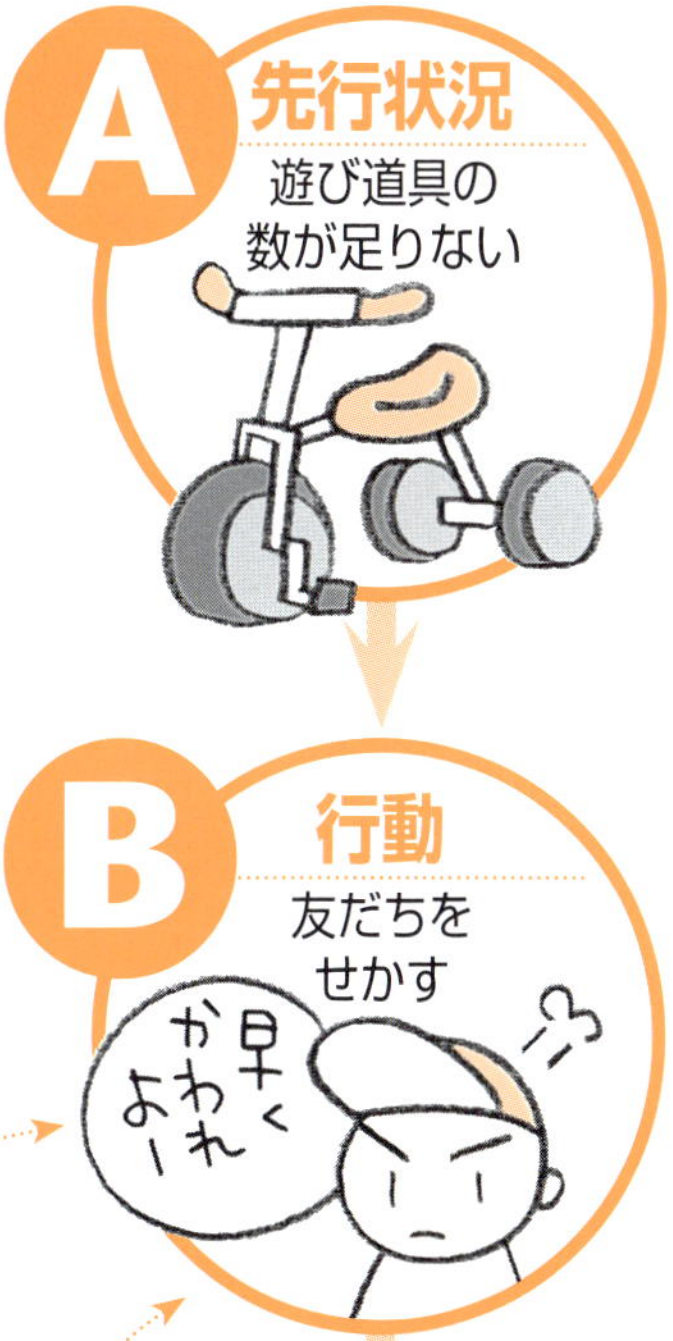
A 先行状況
遊び道具の数が足りない
B 行動
友だちをせかす
早くかわれよー

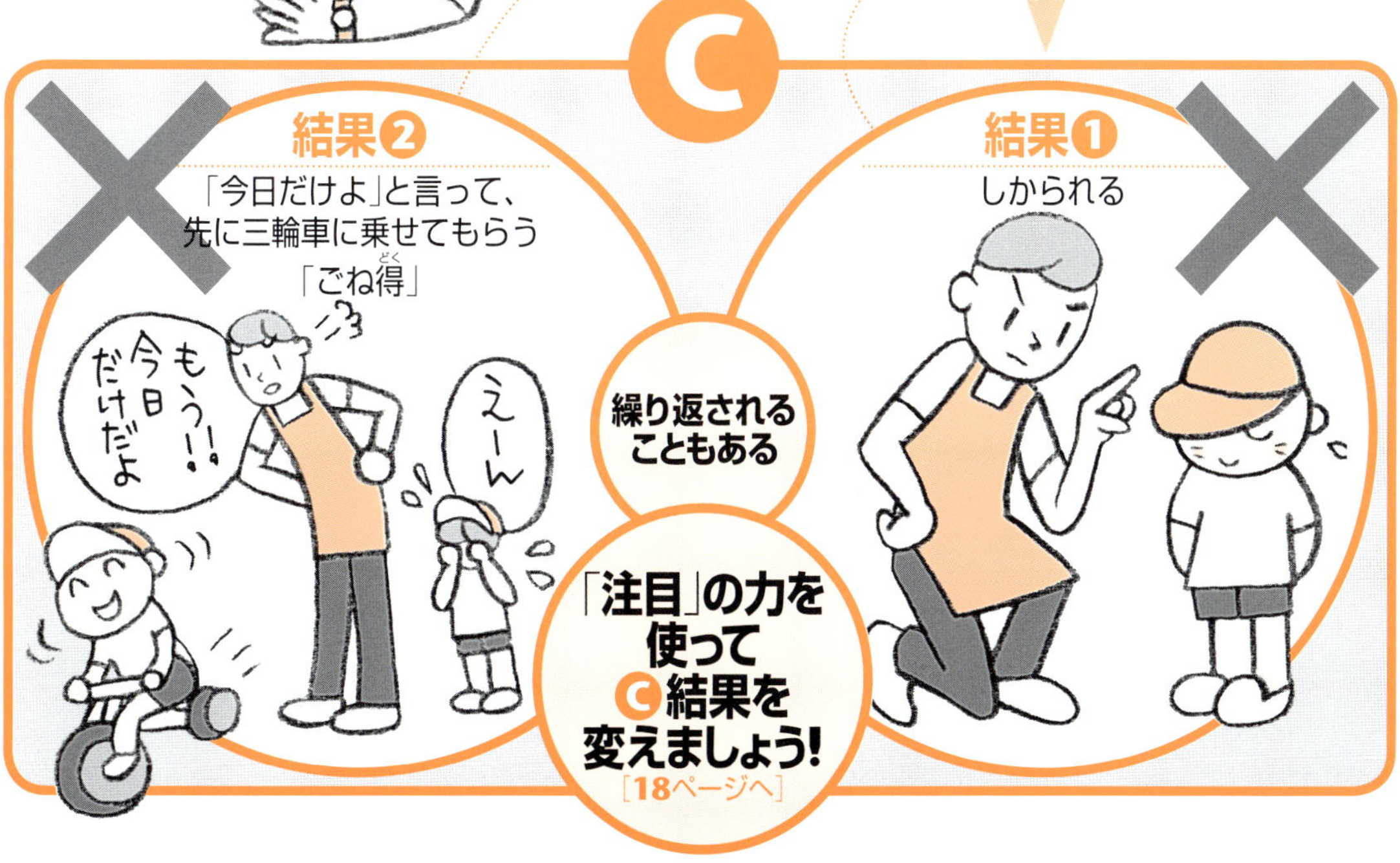
C
結果❷
「今日だけよ」と言って、先に三輪車に乗せてもらう「ごね得《どく》」
もう!! 今日だけだよ
えーん
結果❶
しかられる
繰り返されることもある
「注目」の力を使って C 結果を変えましょう!

［18ページへ］

2 「注目」のパワーに注目して戦略的に使う

「行動のABC」の「C」である「結果」を変えるために使うのが、「注目」の力。子どものどんな「行動」に、どう「注目」するかを先生方がうまく活用すれば、子どもの「行動」に大きな影響を与えることができます。

「注目」されたことは繰り返しやりたくなる

「注目」は私たち、誰にとっても大切なものです。何かをやりとげたのに、気づいてもらえなかったら、大人でも同じことをやる気にはなかなかなれませんよね。反対に、ほめられたりしたら、「またやろう」と思えるでしょう。子どもならなおさらです。「注目」は、その後の「行動」の頻度を変えていく影響力をもっているのです。

かばんを投げる
NG
かばんをちゃんとしまいなさい!
またかばん投げたら先生来るかな?

大人の「注目」には大きなパワーがある

「注目」の力を自覚して使いこなそう

大人でも注目されるとうれしいのですから、子どもであればなおさらです。子どもはいつでも大人からの「注目」を求めています。

思うような「注目」が得られなかったり、どうすれば「注目」が得られるかわからなかったりすると、子どもはわざとしかられるようなことをして、大人の「注目」を引こうとすることもあります。

大人の「注目」は、子どもの「行動」を変える大きな力になります。イライラした感情をそのまま表に出して「注目」するのでなく、戦略的に使っていきましょう。Tトレでは、「注目」の力の上手な使い方を学び、練習していきます。

3 「肯定的な注目」と「否定的な注目」

「注目」には「肯定的な注目」と「否定的な注目」の2つがあります。日頃、どちらの「注目」を多く使っていますか？

注目には2種類あります

対応に困っている子どもに対して、先生は…

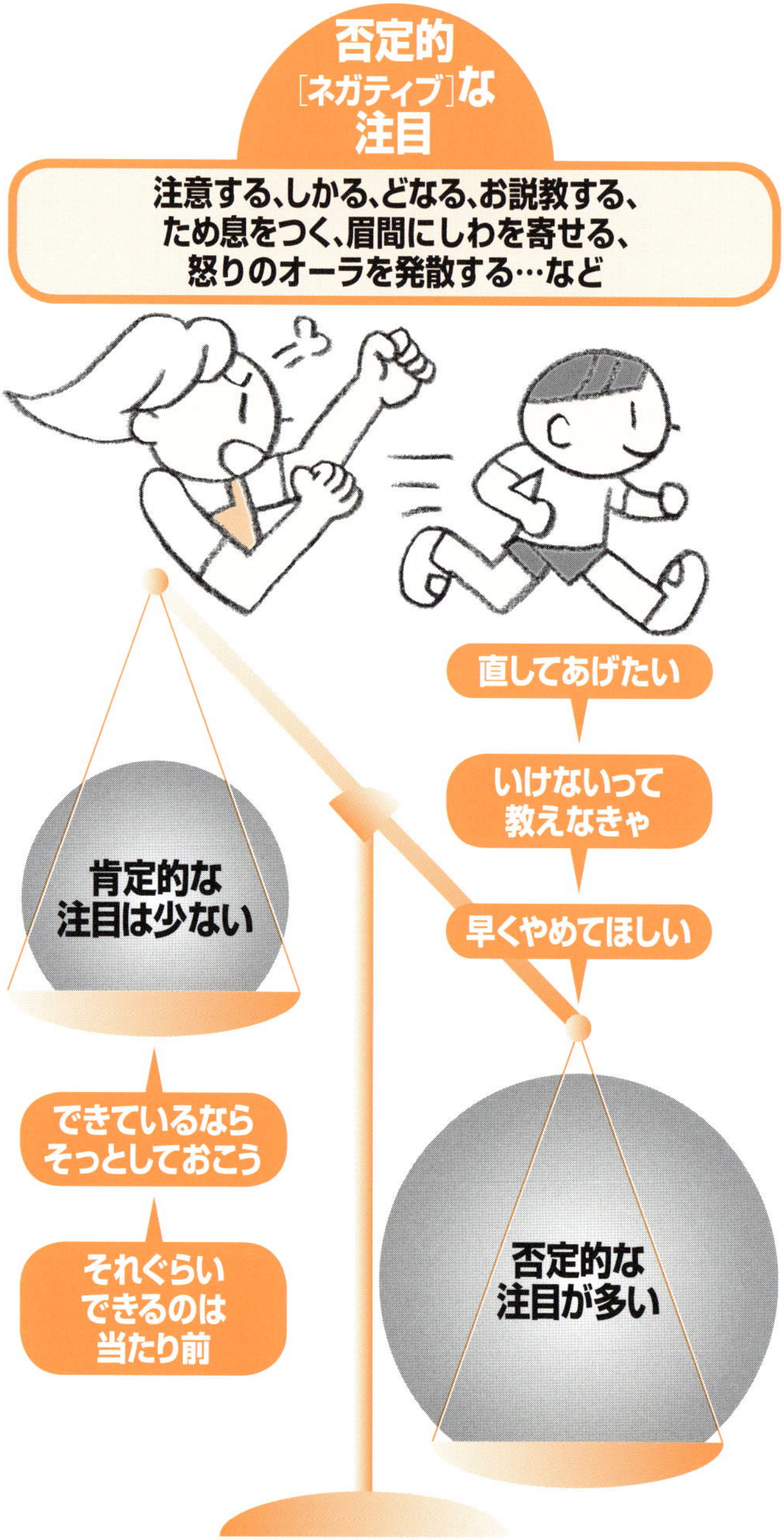
否定的
[ネガティブ]な
注目
注意する、しかる、どなる、お説教する、
ため息をつく、眉間にしわを寄せる、
怒りのオーラを発散する…など
直してあげたい
いけないって
教えなきゃ
早くやめてほしい
肯定的な
注目は少ない
できているなら
そっとしておこう
それぐらい
できるのは
当たり前
否定的な
注目が多い

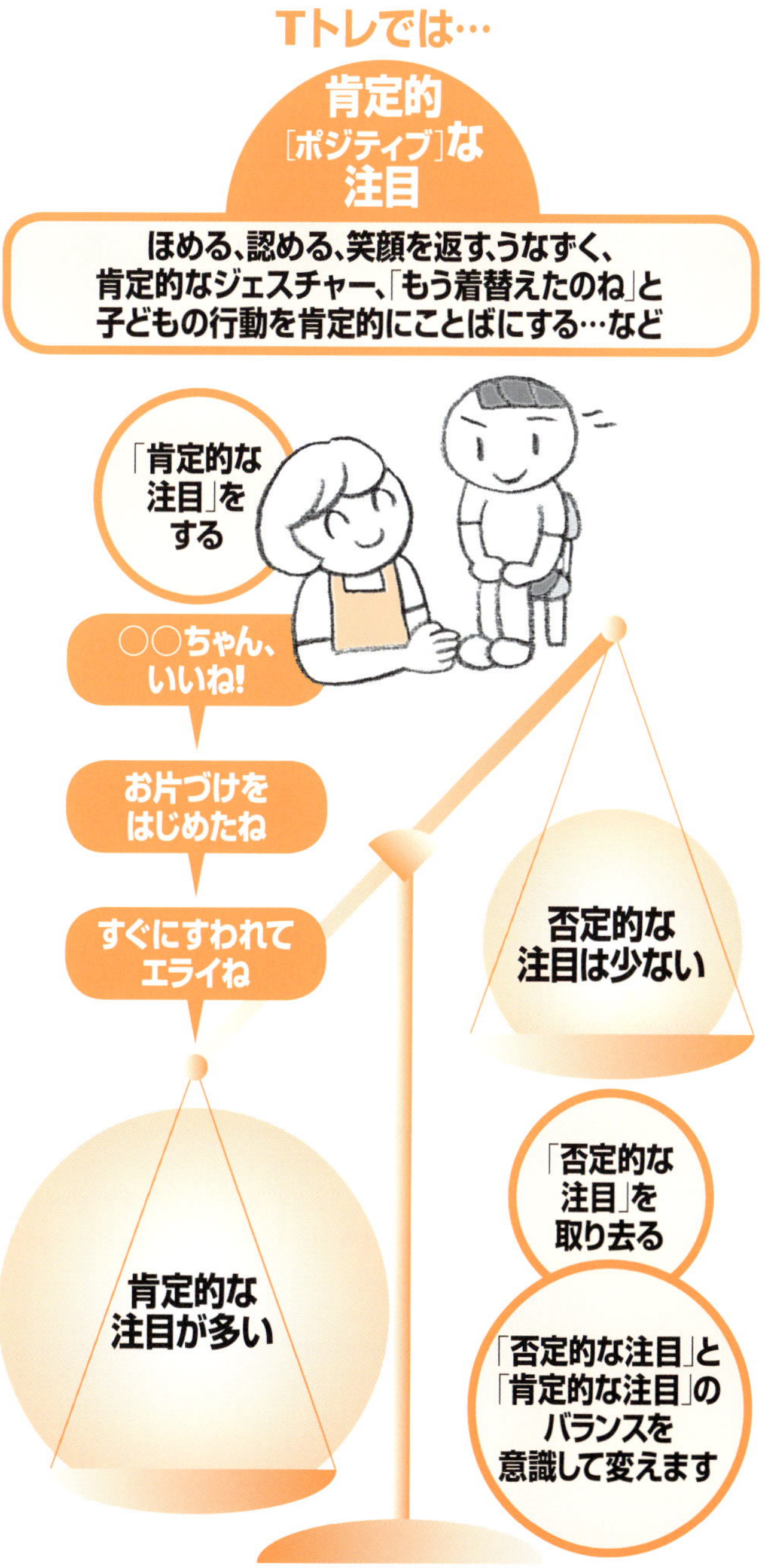
Tトレでは…
肯定的
［ポジティブ］な
注目
ほめる、認める、笑顔を返す、うなずく、
肯定的なジェスチャー、「もう着替えたのね」と
子どもの行動を肯定的にことばにする…など
「肯定的な
注目」を
する
○○ちゃん、
いいね!
お片づけを
はじめたね
すぐにすわれて
エライね
否定的な
注目は少ない
肯定的な
注目が多い
「否定的な
注目」を
取り去る
「否定的な注目」と
「肯定的な注目」の
バランスを
意識して変えます

2つの「注目」のバランスを変えよう

大人が子どもに与える「注目」には、「肯定的な注目」と「否定的な注目」の2種類があります。「ほめる」「ほほえむ」のような「肯定的な注目」だけでなく、「しかる」「にらむ」のような「否定的な注目」も、どちらも「注目」として力をもっているのです。

困った行動をする子どもに対しては、つい否定的な注目を与えることが増えてしまいますよね。Tトレでは、「否定的な注目」を減らし、「肯定的な注目」を意識的に増やしていくのです。

4 「行動」とは

Tトレでは、子どもの性格ではなく、「行動」に注目します。ここでいう、「行動」とは何を指すのでしょうか？一緒に確認しましょう。

「行動を見る」ことがトレーニングの第一歩

私たちは子どもを見るとき、「Aちゃんは社交的」「Bちゃんはやんちゃで活発」のように性格を見てしまいがちですが、Tトレでは、子どもの性格ではなく、「行動」に注目します。

「行動」とは、目に見えるもの、数えられるもの、聞こえるもの、具体的に動詞で表現できるものです。

子どもの「行動」に注目することで、感情的にならずに、落ち着いて対処しやすくなります。

「行動」の条件

具体的で
目に見える、
耳で聞こえる
回数を
数えられる
「「～回やった」」
動詞
「「～する」」で
表現できる

行動を見る

スコップを投げる

砂をまきちらしている

でも、砂遊びはやめた

性格でなく「行動」を見ます

「大丈夫?」と声をかけた

友だちの落とし物を拾った

○ **行動**

おっとりしたタイプ

やさしい子

× **「行動」ではありません**

5 「行動」を3つに分けましょう

子どもの「行動」を3つに分類することで、子どもの行動が見えてきます。ここは子どもへの具体的な対応に入る前の重要なステップです。対応に迷ったら、常にこの作業に戻りましょう。

子どもが実際にしている行動、目にしたことのある行動を3つに分類します

すぐ分類できるよう練習を積みましょう

クラスの気になる子どもの「行動」をいくつか思い浮かべてください。次に、それぞれの「行動」が、「好ましい行動」「好ましくない行動」「危険な・許しがたい行動」の3つのうちのどれに当てはまるかを考えて、27ページの表に分類して書き出してみましょう。

この分類作業は、Tトレの基礎となる重要な過程ですので、飛ばさずに取り組んでください。

練習して、分類することに慣れておきましょう。

好ましい行動	好ましくない行動	危険な行動
望ましい行動	望ましくない行動	人や物を傷つけるような行動
あなたが好きだと思う行動	あなたが嫌いな行動	許しがたい行動
今して(できて)いて、さらに増やしていきたい行動	今していて、減らしてほしい行動	あなたが譲れないと感じる行動
あたり前かもしれないが、今して(できて)いて、やめてほしくない行動		いくら指示してもやめない、しつこい行動

「○○したくて」「○○がイヤで」のような理由は書かなくてかまいません。行動だけを書きましょう

「行動」を書き出すときのポイント

- 対象の子どもが実際にしている、したことのある「行動」を書く
- 動詞を使って、「〜する」の形で書く
- 具体的に、簡潔に書く
- 複数の行動をまとめて書かず、ひとつずつ書く

例：「歯をみがいて、着替える」→
「歯をみがく」［好ましい行動］
「着替える」［好ましい行動］
「文句を言いながら、おもちゃを片づける」→
「文句を言う」［好ましくない行動］
「おもちゃを片づける」［好ましい行動］

「行動」を3つに分けることで、こんな効果も！

- 「行動」を記録することで、対象の子どもをそれまでより冷静に見られるようになる
- 見逃していた「好ましい行動」に気づける
- 問題行動が多いと思っていた子どもも、許しがたい「危険な行動」は意外と少ないことに気づける

6 やってみよう！

ここまでで学んだことを実践してみましょう。クリニックでのTトレ講座の場合は、次の講義まで約1か月の期間をとります。みなさんも、何日か記入を続けてみてください。

行動を3つに分けて記録しよう

クリニックのTトレ講座では、ステップ1を学んだあと、子どもの行動を観察し、「行動」を3つに分けて、記録用紙に記入してきてもらいます。みなさんも、何日間か時間をとって、気になる子どもの行動を見ながら、左の表に書き出してみてください。その後、次ページ以降に進みましょう。

頭で考えるだけでなく、書くことが大事

頭で「こうしよう」と考えるだけでは、いつものパターンを変えることは難しいもの。手を動かして書くことは、自分の対応を変えるきっかけづくりとして効果的です。

記入例

好ましい行動	好ましくない行動	危険な行動
工作のときに泣かないで「手伝って」と言える	廊下で寝転がる	友だちを突然押す
「待っててね」と言うと待っていられる	席を立った友だちをたたく	
お茶をこぼさずに飲む		

記録することは、子どもの行動を冷静に見る練習にもなります

子どもが実際にしている「行動」、したことのある「行動」を3つに分けてみましょう。

行動●子どもが実際にしていることで、あなたが見たり、聞いたり、数えたりできるもの

好ましい行動	好ましくない行動	危険な行動

7 「行動」の例

「好ましい行動」「好ましくない行動」「危険な行動」、それぞれの具体例をあげます。

どう書いたらいいか迷ったときの参考にしてください。

好ましい行動の例

よい習慣やモラルにそって行動する

- 「おはようございます」とあいさつをする
- 「ありがとう」と言う
- 「ごめんなさい」と言う
- 正直に本当のことを言う

人とのかかわり

- 5分間、友だちと仲良く遊ぶ
- 友だちとおもちゃを一緒に使う
- 友だちに本を見せてあげる
- 友だちにクレヨンを貸す
- 先生に絵を見せる
- 小さな子どもの世話をする
- 友だちを助けて荷物を持ってあげる
- 呼ばれたら「はい」と返事をする
- 呼ばれたら来る
- 困ったことを先生に話す
- 怒っているときに、たたかないでことばで言う

身の回りのこと、役に立つことをする

- 4歳児が、歯を磨くとき、協力的である
- 10歳児が、文句を言わずにゴミを捨ててくれる
- 洋服を着替える［着替えはじめる］
- 自分でくつをはく
- 自分でくつを下駄箱に入れる
- 上着とかばんを所定の場所にかける
- ご飯の前にテーブルの上を片づける

課題に取り組む、大人の指示に従う

- 言いつけられたことができる
- 課題の一部でもきれいに正しくする
- 勝手にしないで、先生に許可を求めてくる
- 1文字ていねいに書く
- 読み聞かせのとき、静かに聞いている
- はじまる時間までに部屋に戻ってくる
- 先生の手伝いをする

クレヨン
特別な出来事でなくささいなことでOK

好ましくない行動の例

- 友だちと口げんかをする
- ぐずる
- 不平を言う
- 口答えをする
- 汚いことばを使う
- 手伝いをするように言っても無視する
- 課題にとりかからずに、落書きをしている
- 必要以上に大きな声を出す
- うるさく騒ぐ
- 悪口を言う
- 告げ口をする
- 「先生なんか大嫌い」と言う
- からかう
- 邪魔をする
- すねる
- かんしゃくを起こす
- 先生を押す
- 服を脱ぎっぱなしにする
- 人の話に割り込んでくる
- 「教室に戻りなさい」と言っても遊び続ける
- 「おんぶして」と騒ぐ

よくない行動でも、
許しがたいというほどでなければ、
「好ましくない行動」に入れます。
「危険な行動」は、
特に思いつかなければ
空欄でかまいません

周囲や安全に配慮して行動する

- ちょうどよい大きさの声で話す
- 廊下を静かに歩く
- 道を渡る前に、立ち止まる
- あなたが手が離せないとき、用があっても待っている

その子らしく楽しむ

- 静かに絵本を読む
- 一人で遊ぶ

危険な行動の例

- 道路に飛び出す
- 他の子をたたく
- 突き倒す
- かみつく
- 首を絞める
- 高いところに登る
- つばを吐く［危険ではないが許しがたい］
- バスの窓から身を乗り出す
- 人に向かって積み木を投げる

STEP1

8 ここが知りたい！『「行動」を3つに分ける』の疑問

ステップ1の『「行動」を3つに分ける』について、Tトレ参加者の方からよく寄せられる疑問にお答えします。

Q よくない「行動」を、さらに2つに分けるのはなぜ？

A 「行動」の種類によって対応を変えるため

「好ましくない行動」に対しては、「注目せず、上手に無視して、好ましい行動をはじめるのを待つ」、危険な行動に対しては、「やめるよう指示する」とそれぞれ違う対応をします。

Q つい「〜(し)ない」と書いてしまいます

A かわりに何をしているか考えて

「好ましくない行動」を書こうとすると、「片づけない」「謝らない」など、「〜(し)ない」と書いてしまいがちです。しかし、この書き方では、子どもの実際の「行動」がわかりません。「代わりに何をしているか」を考えて、「片づけずに庭に出ていく」「謝らずに黙る」など、動詞で具体的に書いてみてください。脚本家になったつもりで、そのシーンが目に浮かぶように書くのがコツです。

Q 「行動」を具体的に書いたほうがいいのはなぜ？

A 「行動」を具体的に見るとほめやすくなります

「行動」を3つに分けるのは、子どもをほめるための下準備。「朝のしたくをする」のようにまとめて見ていると、したくをパーフェクトにできたときしかほめられません。「かばんからタオルを出した」「タオルを壁フックにかけた」「かばんを投げた」など、「行動」を一つひとつ個別に具体的に見ていれば、一部できただけでも「タオルをちゃんとかけたね」などとほめられます。また行動を具体的にほめると、子どもにも「何をすれば先生にほめられるか」が伝わりやすくなります。

STEP 2

肯定的な注目を与える＝「ほめる」

ステップ2からは、子どもへの対応を変えていく練習に入ります。
ここで学ぶのは、「好ましい行動」をほめること。
「ほめる」は、Tトレ全体のメインとなる対応法です。しっかりマスターしていきましょう。

1 「好ましい行動」を増やすためにほめましょう！

ステップ1では、子どもの「行動」を3つに分けました。ステップ2では、3つの行動のうち「好ましい行動」に「肯定的注目」を与えて、「好ましい行動」を増やしていきます。

ほめると好ましい行動は増えていく

おもちゃを片づけはじめたんだね
ほめる
どうすればほめられるかがわかると、その行動を繰り返したくなります
ほめられた行動が増える
もう1個片づけよう

おだやかな関係のなかで行動を改善していく

子どもの気になる行動を変えたいとき、よくない行動を「注意する」「しかる」ことが多いのではないでしょうか。でも、もっと効果的なよい方法があります。気になる行動はいったん棚上げにして、好ましい行動に注目して「ほめる」――それが、みなさんに一番に身につけてほしい、Tトレの基本となる対応法です。

ほめると、ほめた行動が増えるだけでなく、「好ましくない行動」が自然と減っていきます。しからなくても、ごく平和的に、おだやかな関係のなかで、「好ましくない行動」を減らしていくことができるのです。

変化は急には起こりませんが、「そういえば、

「自分で自分をほめられる」のが Tトレの長期的目標

ほめて育てると、子どものなかに自信が生まれます。「自分はやればできる」という自信がつくと、努力ができるようになります。自らすすんで努力し、努力の結果を見て、自分で自分を認められる。そんな自立した子どもを育てるのが、長期的な目標かもしれません。

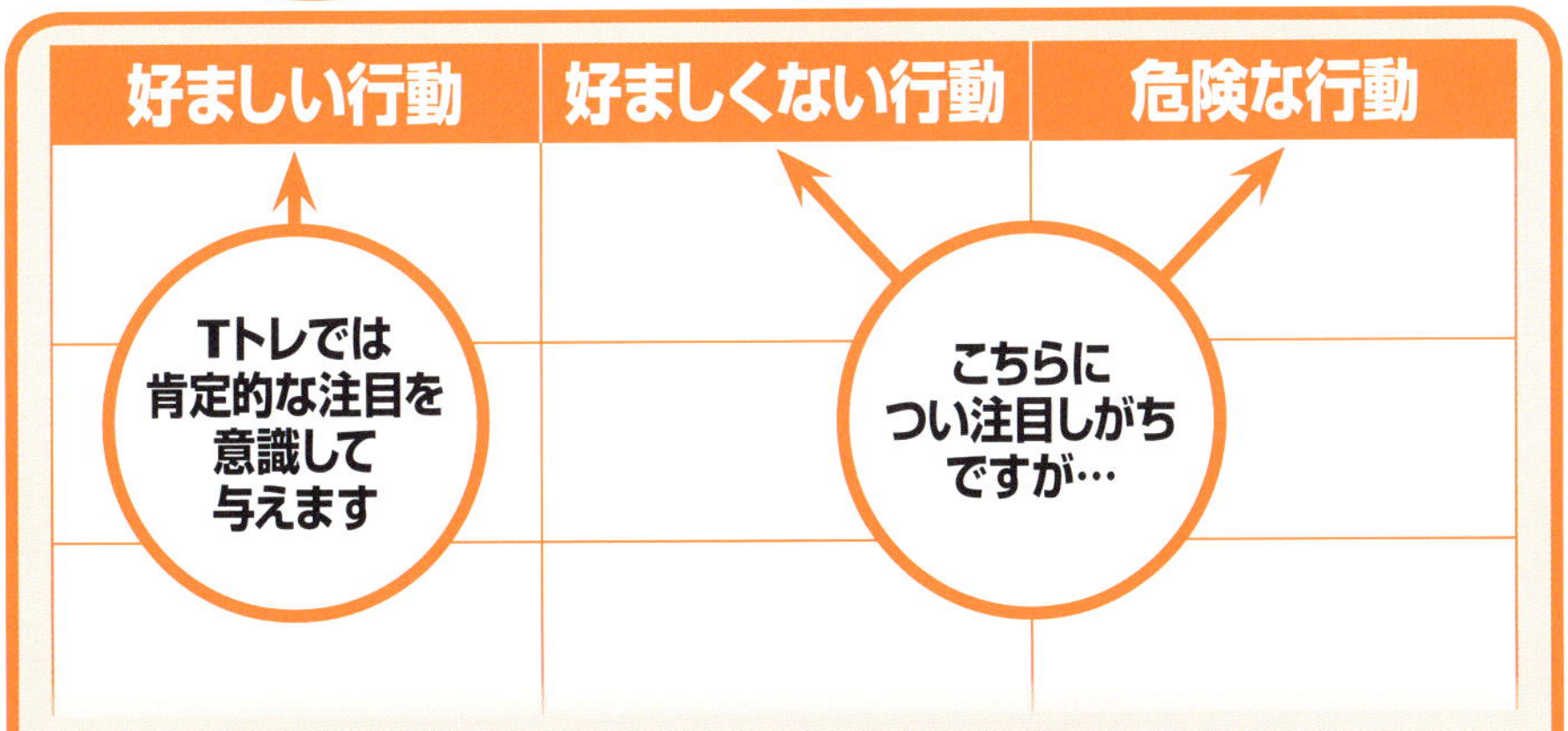

好ましい行動が増え、好ましくない行動はいつの間にか減っていく
しかったり、注意したりしなくてよいので、
大人も子どもも気持ちよくいられるのがメリット

最近困った行動が減ってきた」と、ふと気がつくときがくると思います。そのときを楽しみに取り組んでみてください。

② 「ほめる」とは

肯定的な注目には「ほめる」をはじめ、いろいろな方法があります。状況に合わせて、また子どもに合わせて使えるよう、ほめ方のバリエーションを知っておきましょう。

その子がよろこぶほめ方を探そう

「肯定的な注目」には、次のページのようにさまざまなバリエーションがあります。

なかでも「その行動に気づいていることを知らせる」実況中継的な声かけは、何をほめられているのかが子どもに伝わりやすいのでおすすめです。ステップ1で子どもの行動を3つに分けてとらえる練習を積んでいれば、「好ましい行動」をことばにするだけですから、簡単にできるのも利点です。

また年齢が大きくなると、「えらいね」と言われるより、「ありがとう」など、感謝されることをよろこぶようです。

どんなほめ方をよろこぶかは、子どもによって違います。ほめ方のバリエーションをたくさん知って、いろいろなほめ方を試してみてください。

「励ます」の使い方

励ますのも「肯定的な注目」のひとつです。しかし、子どもがやっていないことを「○○をがんばってやって!」と言うのは適切ではありません。子どもが、今やっていること、できていることを応援しましょう。

「感謝」の使い方

年齢が大きくなると、「えらいね」と言われるより、「ありがとう」など、感謝されることをよろこぶようです。しかし、勉強などは子ども本人のために必要なことですから、「勉強してくれてありがとう」と感謝するのは、不適切な使い方。「静かに勉強してくれてありがとう」と、周囲に配慮してくれたことに感謝するのはOKです。

肯定的な注目 ほめ方のバリエーション

＊本書で「ほめる」というときは、ここに出てくるさまざまな肯定的な注目を含みます

よろこぶ、おどろく

［例］
「きれいにふいてくれて、うれしいな」
「もう準備したの？ 早くてびっくり！」

ほめる

［例］
「がんばったね」
「きれいにできたね」
「早いね」「やったね」「さすが！」

ジェスチャー

［例］
うなずく、手を振る、拍手、「OK」や「グッジョブ」のサイン

励ます

［例］
「もうここまでできたの！」「あと少し！」
終わってからほめるだけでなく、やっている最中に応援する

感謝する

［例］
「ゴミを拾ってくれたのね。ありがとう」
大人の役に立てたと感じられると、自信が育つ

次の活動に誘う

［例］
「教室までかけっこしよう！」
「3ページを読んでくれる？」
詳しくは53ページで

スキンシップ

［例］
そっと肩や背中にふれる、握手、ハイタッチ
よろこぶ子どもが多いが、ふれられるのが苦手な子どもには、ことばや表情で注目を

その行動に気づいていることを知らせる

［例］
「○○してるんだねー」
子どもの行動を、実況中継のようにことばにするだけ。簡単ですぐにできる

興味や関心を示す

［例］
「何をつくったのかな？」
「これは何ていう車？」
自分がしていることに興味をもってもらえると、子どもはうれしい

3 「ほめ方」のコツ❶ 25%ルール

子どもが「好ましい行動」をはじめたら、すぐにほめましょう。これを習慣にすると、子どもの行動によい影響を及ぼすことができます。

終わるまで待たずに「はじめたらほめる」

「25%ルール」は、子どもをほめるときの大事な合言葉です。

「好ましい行動」をすぐやめたり、きちんとできていなくて粗《あら》が目立ったりするのは、子どもにはよくあること。「100%できたらほめよう」と思っていると、ほめるチャンスを逃してしまいます。子どもが好ましい行動をはじめたら、その場ですぐにほめましょう。特に発達上の困難のある子どもに対応する際には、このルールを意識すると役に立ちます。

タイミングよくほめると、子どもも気分がのってきて、「好ましい行動」が長続きし、次の活動にもスムーズに移りやすくなります。25%ルールでほめることで、いい循環をスタートさせることができるのです。

こんなときにほめましょう

- 好ましい行動をはじめたとき
- 指示にしたがおうとしたとき
- 途中までできたとき
- 完ぺきでなくてもやったとき
- 文句を言いながらでも「やらなきゃ」と気づいたとき

25%ルールとは

「すべてできたらほめる」でなく、「25%できたらほめる」というルール。「25%」にこだわらず、ほんの少しでもできたところに注目してほめましょう。

なんと言葉をかけますか？

4 「ほめ方」のコツ② 伝わるようにほめる

ほめているのに子どもから思ったような反応が返ってこないということはありませんか。漠然と「ほめて」も、子どもは何をほめられたのかわからないことがあります。子どもが「ほめられた」と実感できるほめ方のコツを知っておきましょう。

伝わるようにほめれば子どもの反応が変わる

「ほめるなんて簡単」「毎日やってるよ！」と思われるかもしれません。でも、何をほめられたのか、子どもには意外と伝わっていないことも。「子どもがほめられた」と感じられることが大切です。ほめる「コツ」をおさえてほめると、子どもの反応に差が出てきます。

ここであげているテクニックのいくつかは、すでにご存じの方も多いと思います。確認してみて、「これはあまり意識していなかったな」と思うものがあれば、ふだんの対応にプラスして、いっそうほめ上手な先生になってください。慣れないほめ方をすると、最初はぎこちなくなったりしますが、何度か繰り返すとなじんでくるはずです。

ポイント1 近づいて、視線を合わせる

ななちゃん
お片づけして
えらいね！
お片づけして
えらいね…
注意するときだけ
「先生の目を見て」と
言っていませんか?
ほめるときこそ
目を合わせましょう
子どもを
呼ぶか、
子どもの
そばに行く
目の
高さを
合わせる

＊視線のあいにくい子どもの場合、無理に目を合わせなくても、先生に注意が向いていることが確認できれば大丈夫です。

ポイント2 能力や性格でなく、行動をほめる

「何をしたときにほめられるのか」がわかるようにほめましょう

「えらいね」「すごいね」「やさしいね」だけでなく具体的な行動をほめましょう

「静かに座れているね」

「もうお道具を出せたの? 早いなぁ」

「お友だちに貸してあげたのね」

ポイント3 ほめるときは短く具体的に

長々とほめると、何をほめられたかわかりにくくなります。メッセージはシンプルに。

皮肉や批判などは加えない

×「明日もこの調子でね」
子どもが実際にやった行動をほめるのが原則

×「最初からそうしたらよかったのに」
否定的な注目になってしまいます

×「先生の言う通りにしたらできたでしょう?」
先生の手柄《てがら》にせず、子どもをほめて

「ついでにお説教」は禁物

こんなことも心がけよう

表情
ほほえみたくなったらそうしましょう。無理に笑顔をつくらなくてもかまいませんが、しかめ面ではなく、おだやかな表情で。

声の調子
あなたがうれしく感じていることが伝わるよう、おだやかで明るい声でほめましょう。

声や表情が明るいと、「ほめられた」と感じやすくなります

STEP❷

5 さっそく、ほめてみよう！

子どもたちを相手に、ほめてみましょう。
ほめた子どもの行動、どのようにほめたか、そして子どもの反応はどうだったかを、
41ページのワークシートに記録していきましょう。

記入例

日付	あなたがほめた子どもの行動	どうやってほめましたか？	子どもの反応は？
5/1（月）	落ちているハンカチを拾った	「よしおくん、ハンカチを拾ってくれてありがとうね」	「うん」と言っただけだが、まんざらでもない様子だった

楽しみながら練習するうちに、ほめることが習慣になっていきます

ロールプレイで実践練習

Tトレのスキルを練習する方法のひとつに「ロールプレイ」があります。ロールプレイとは、大人同士で、「お片づけの場面を再現しましょう」のようにシチュエーションを決め、先生役と子ども役に分かれて、劇のように演じ、ほめる練習をするものです。

「目を見てほめられるとうれしい」など、子どもの立場も体験できるのが、ロールプレイのよさ。ぜひ積極的に取り組んでみてください。

上手にお片づけできているね

好ましい行動を見つけて、ほめましょう。

日付	あなたがほめた子どもの行動	どうやってほめましたか?	子どもの反応は?

6 ここが知りたい！ ほめ方の疑問

Tトレの参加者からよくたずねられる、ほめ方についての疑問や悩みにお答えします。

Q 当たり前のことでもほめていい？

A 子どもの反応を見て判断を

毎日のさりげない行動に目を止めてほめることは、とても大切です。先生やほかの子どもにとってできて当たり前と思えるようなことでも、その子ども自身ががんばったことであれば、ほめてください。

ほめて正解かどうかは、子どもの反応を見ればわかります。うれしそうなら、どんどんほめましょう！

その子どもが自分でできて当然すぎると思っていることをほめた場合は、子どもはちゃんとサインを返してくれます。「当たり前じゃん」とかえって不機嫌《ふきげん》になるようなら、「そうだったね」と認め、次からはその子がほめられてよりうれしい行動をほめるようにしましょう。

Q ほめないと自分ではやらない子どもになりませんか？

A 徐々に「自分で動ける子ども」になります

ほめられると、またほめられるのを待つ様子を見せる子どももいます。ほめた効果が出てきている証拠ですから、そんなときはどんどんほめてあげてかまいません。

何度もほめられているうちに子どもは、だんだん大げさにほめられなくても満足できるようになり、自分で動けるようになっていきます。

Q ほめるとすねたり反発したりします
A 具体的にほめて自信を育てましょう

行動上の問題がある子どもは、ふだんほめられ慣れていないことが多いものです。そのため、ほめられるとどうしていいかわからず、戸惑《とまど》うことも。

なかには「上手《じょうず》にできていないもん」と自分を卑下《ひげ》する子どももいます。

でも、そんな反応も、先生のことばが伝わっている証拠。ほめられるのがきらいな子どもはいません。行動を具体的にほめれば、「本当だ、自分はできている」と自信がついて、ほめことばを素直に聞けるようになっていくでしょう。

Q ハイテンションでほめるのが苦手
A 先生もそれぞれのもち味を活かしてほめればいい

ほめ方のポイントをおさえていれば、無理にハイテンションでほめなくても大丈夫。おだやかな口調でほめられるのもいいものです。他の先生と協力しあって、それぞれのもち味を活かしてほめていただければと思います。

Q クラスの子どもを全員ほめるのが大変です
A グループごとにほめる手法も取り入れて

「前の列のみんな、背中がピーンとしてる」「3号車さんは、もう準備ができました」とグループでまとめてほめても、子どもは十分うれしいものです。ただし、自閉症スペクトラム障害などの特性をもつ子どもで、個別にほめた方が伝わりやすい場合は、「○○ちゃんも、姿勢がいいよ」と追加で個別にほめましょう。

一番うしろの列、姿勢がすごくいい! 背筋がピンとしててカッコいい!!
1号車さん、皆、机の上に教科書が出てるね
6班さん、もう片づけ終わったの? 早いね〜。
Aちゃん、この字、上手に書けてるねぇ

Q 年齢によるほめ方の違いは？

A 年齢が上がったら落ち着いたトーンで

一般に、幼児のうちは先生がチアリーダーのようにほめるとよろこびますが、学童期になると落ち着いたトーンでほめられるのをよろこぶかもしれません。ただし、子どものタイプにもよりますので、子どもの反応をよく見ることが大切です。

Q ほめても行動が改善しない

A 他のサポート法との併用も考慮して

Tトレは、先生と子どもの関係が悪循環におちいっている場合に、まずそれを改善し、支援のためのベースづくりをするプログラムです。子どもが発達上の困難をかかえている場合は、個々の子どもにあわせたサポートも行っていきましょう。

Q ほめているのに、別の話をはじめます

A 「好ましくない行動」には注目しない

先生の話を無視する、反発する、別の話をする……などは、「好ましくない行動」に分類できますね。好ましくない行動は、スルーしてかまいません。くわしくは、次のステップ3で説明します。

STEP 3

好ましくない行動を減らす「無視」と「ほめる」の組み合わせ

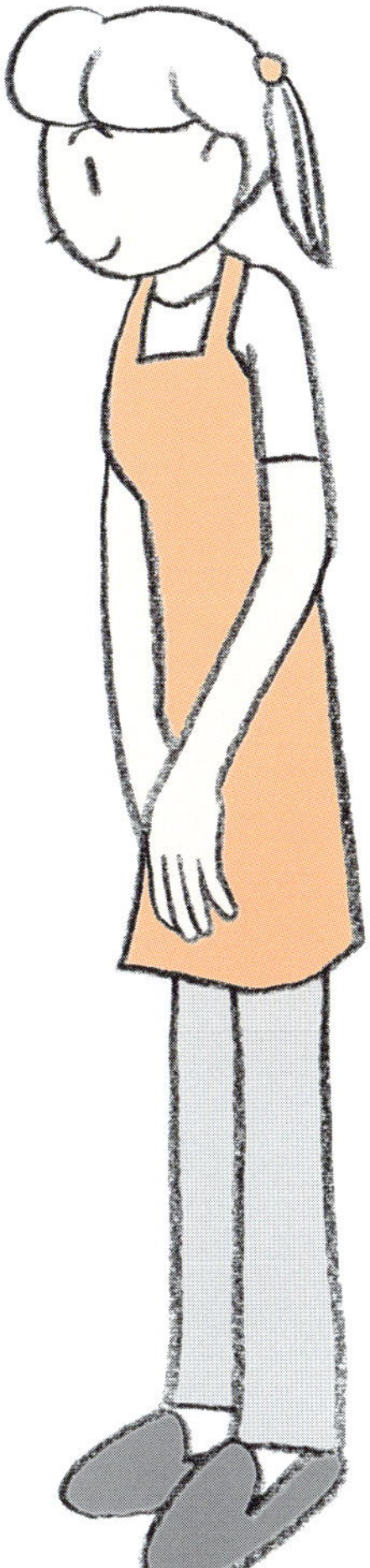

子どもの好ましくない行動は、「無視」(見て見ぬふり)をします。
この対応を身につけることで、
大人はイライラせずに落ち着いて対処できるようになります。
「無視」はTトレの手法のなかでも難しいもののひとつ。じっくり練習していきましょう。

①「好ましくない行動」を減らすために「無視」しましょう

しかる、怒鳴る、お説教するなど、否定的な注目を与えることで、好ましくない行動は減っていますか？「否定的注目」を与えないことで、「好ましくない行動」を徐々に減らしていきます。

子どもの「好ましくない行動」を注意し、「否定的注目」をすると……
ゆうきくん！また外に出たりして!!
ゆうきくん！かってに外に行かないで!!
その行動が増えてしまうことも……

「好ましくない行動」に否定的注目を与えない

これまでみなさんは、子どものよくない行動を注意したり、しかったりしてきたかもしれません。でも、「注意してもきかない」「しかっても効果が続かない」と感じることも多かったのではないでしょうか。しかることが注目を与えることになるのですから、子どもは注目されたくて、その行動をなおさら繰り返してしまうこともあるのです。また、子どものもっている特性のために、注意されても好ましくない行動が減らないことがあります。その場合、子どもと大人の「悪循環」［5ページ］が繰り返されることも少なくありません。

そこで試してほしいのが、「好ましくない行動」に否定的注目をせずに無視するというやり方です。

「好ましくない行動」を「無視」し、「好ましい行動」に「注目」してほめる。「注目」の力を戦略的に使うことで、「好ましくない行動」の頻度を減らしていくことをめざします。

2 「無視」とは…

「無視」とは「好ましくない行動」を「見て見ぬふりする」ことです。子どもの存在を無視するのではありません。怒って冷たく無視するのではないということを、理解しましょう。

「無視［ignore］」

「注目」を取り去り、「好ましい行動」が出るのを待つこと
たとえば、次のような対応です

- 見て見ぬふりをする
- スルーする
- しばらく待つ
- 大目に見る、聞き流す

「無視」＝「待つ」あたたかい対応です

「無視」という言葉に冷たくあたるような印象を受けるかもしれませんが、Tトレで実践する「無視」は、怒って子どもの存在を無視するのとは違います。子どもの「好ましくない行動」を大目に見て、小さなことでも「好ましい行動」が現れたら「ほめる」、そのために「待つ」、そんなあたたかい対応を指すと考えてください。

保護者を対象とするペアレント・トレーニングでも「無視」の練習をしますが、実は「無視」は、家のなかで保護者と子どもが向き合っている場合より、子どもが集団になっている園や学校でのほうがやりやすいようです。他の子どもたちがお手本になってくれるので、「好ましくない行動」を「無視」してしばらく待つうちに、お友だちの「好ましい行動」をすすんでまねしはじめること

「無視」のポイント

1 「好ましくない行動」がはじまったら、すぐに「無視」する

注意したり、しかったりしてから「無視」するのでなく、最初から見て見ぬふりをします。

2 視線・体を向けない

「先生は、あなたのしていることを気にしていない」という態度でいましょう。

3 否定的な表情・態度・ことば・感情を示さない

否定的な「注目」をしてしまわないように、何か他のことをするなどして感情をコントロールし、平静な態度をキープします。

4 ほめる準備をする

子どもが「好ましくない行動」をやめるか、「好ましい行動」をはじめるのを、素知らぬ顔で待ちながらも、ほめ逃しのないよう、ほめる準備をしておきます。

戻ってきたら
何て言って
ほめよう
かな・・・

✕ してはいけないこと

ため息をつく
まゆをひそめる
怒りのオーラを発散する
…など

否定的な気持ちが伝わってしまいます。

が少なくないのです。「好ましくない行動」をやめることで、子どもはほめられるチャンスを手に入れます。この機会を作るために、大人はまず待ってみましょう。

3 無視のコツ1 他のことをする

子どもがなかなか「好ましくない行動」をやめなかったり、「好ましい行動」をはじめなかったりすると、イライラするでしょう。イライラせずに「無視」を続けるには、どうしたらいいでしょう？

他のことをしていると、「見ないふり」がしやすい

家庭では……
- 新聞を読む
- 家事をする
- 時計の秒針を見る
- 頭の中で数を数える

園・学校では……
- 片づけ、次にやることの準備をする
- 植物の手入れをするふり
- 他の子どもを見る、ほめる

他の子を見てほめれば さりげなく無視できます

ペアレント・トレーニングやTトレの手法のなかでも、「無視」の実践は難しいものです。特に家庭では、イライラして「結局しかってしまった」という声をよく聞きます。

そんなとき、よくお伝えしているアドバイスは、「何か他のことをする」こと。家事や読書など、その子どもを見ないでできることなら何でもかまいません。他のことで気をまぎらわすと、イライラして、つい「好ましくない行動」に注目してしまうのを防げます。

園や学校の場合は、家庭と違ってたくさんの子どもがいるので「他の子どもを見てほめる」という方法を使うと、比較的楽に「無視」を実践できます。ただし、ターゲットの子どもは常に目の隅に入れて、アンテナを張っていてください。「好

他の子どもをほめながら待ってみましょう

ましくない行動」をやめた、「好ましい行動」をはじめたなど、ほめるタイミングを逃さないことが大事です。

4 無視のコツ② 同時にしている「好ましい行動」のみをほめる

「好ましくない行動」には目をつぶって、同時にしている「好ましい行動」をほめるのも、よい「無視」のしかた。子どもに直接はたらきかけるので、子どもの行動が変わりやすいというメリットがあります。

「好ましくない行動」に「注目」せず「好ましい行動」に「注目」します

子どもが「好ましい行動」と「好ましくない行動」を同時にしているとき、あなたはどうしますか？

ステップ1で行動を3つに分ける練習を積んだあなたなら、2つの行動を別々にとらえて、「好ましくない行動」には触れずに、「好ましい行動」のみに肯定的な「注目」を与えてほめることができるでしょう。実はこれも「無視」のひとつです。「好ましい行動」だけに肯定的な「注目」をしてほめるということは、「好ましくない行動」に「注目」を与えず、スルーしたことになるからです。

「好ましい行動」のみをとらえてほめることができれば、子どもが自分から「好ましくない行動」をやめる可能性も高まります。他のことをしながら待つやり方に比べて、待つ時間も少なくてすむこともあります。

「次の活動に誘う」とは

「無視」をして、子どもが「好ましくない行動」を自分からやめたときのほめ方には注意が必要です。たとえば、「さわぐのをやめたのね」のようにほめると、「さわぐ」という「好ましくない行動」のほうに「注目」されたと感じてしまうことがあります。

そんなときにおすすめなのが、「次の活動に誘う」という方法。子どもがそれまでしていた行動にはふれず、何ごともなかったかのように次の行動に誘うと、さりげなく適切な行動に誘導できるうえ、肯定的な「注目」を子どもに与えることができます。

まこちゃんの席はここよ座るよ

右のように、「好ましい行動」と「好ましくない行動」を同時にやっているときに、「好ましくない行動」はスルー（無視）し、「好ましい行動」のみに「注目」してほめましょう

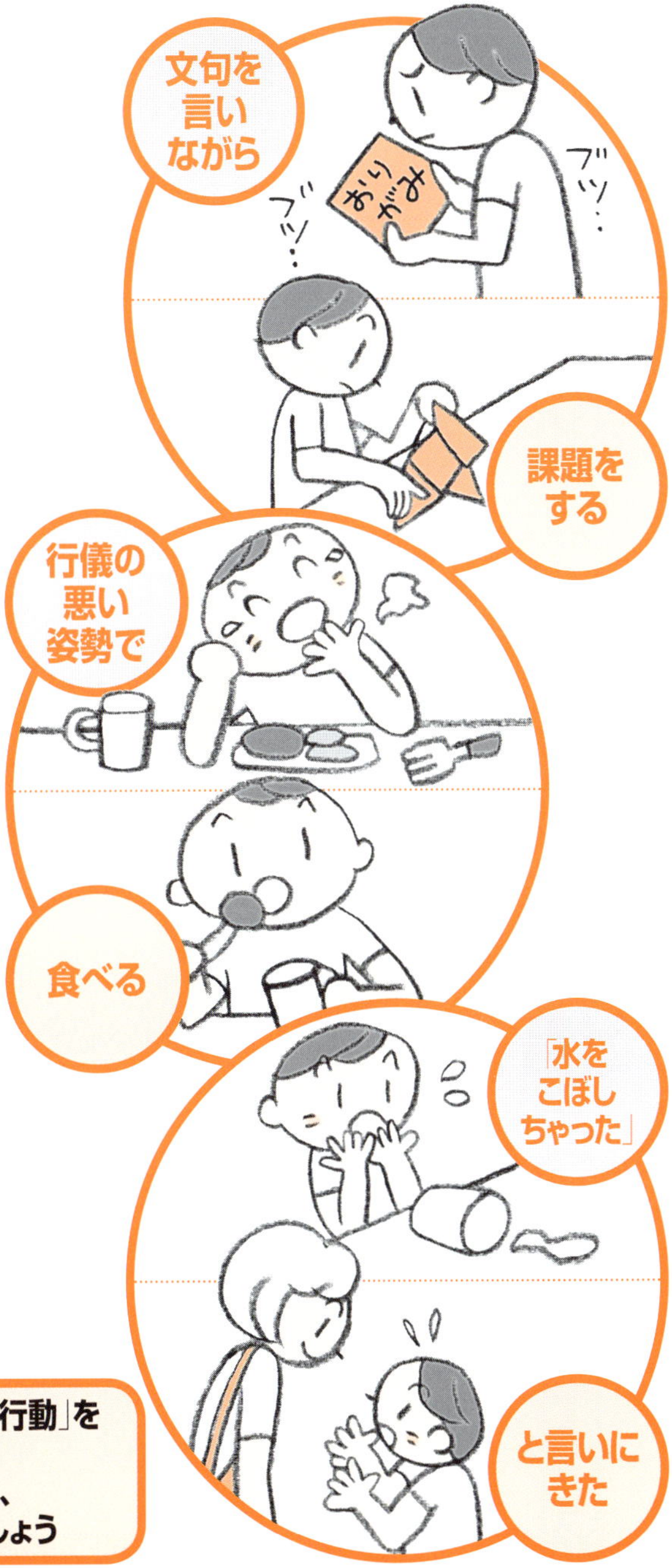
文句を言いながら
おりがみ
ブツ…
ブツ…
課題をする
行儀の悪い姿勢で
食べる
「水をこぼしちゃった」
と言いにきた

5 「無視」をやってみよう！

「無視」を実際にやってみて、結果を表に記入します。最初は比較的「無視」しやすい行動で実践しながら、コツをつかんでいきましょう。

「無視」する行動を前もって決めておくのがコツ

「無視」する「好ましくない行動」をあらかじめ決めておくのが、「無視」をはじめるときのコツ。

クラスの気になる子どもがよくやる「好ましくない行動」のうち、スルーする行動を2、3個選び、書き出しておきましょう。「無視」する行動をあらかじめ決めておくと、うっかり否定的な「注目」をしてしまうのを防げます。

その際に「早く減らしたいから」といって、「好ましくない行動」のなかでも、特に困っている行動を選んでしまうと失敗しがちです。まずは比較的気になりにくい、見て見ぬふりをしやすい「好ましくない行動」を選んで、「自分でやめるかな？　やめないかな？」と、子どもの反応を観察しながらやってみてください。

記入例

日付	「無視」した行動	どうやって無視したか	「無視」のあとであなたがほめた子どもの行動	どうやってほめたか［どのような肯定的な「注目」を与えたか］	子どもの反応
5/1（月）	「遊びは終わります」と指示したら、「やだ!もっと遊ぶ」と文句を言った	聞こえなかったふりをして、おもちゃを片づけはじめた他の子どもをほめた	しぶしぶおもちゃを箱に入れた	「おもちゃ箱に片づけてえらいね!」とほめた	まんざらでもない顔をして、他のおもちゃも片づけはじめた

無視しやすい行動を2〜3個あげて練習しましょう。

私が無視する行動は、

です。

日付	「無視」した行動	どうやって無視したか	「無視」のあとであなたがほめた子どもの行動	どうやってほめたか［どのような肯定的な「注目」を与えたか］	子どもの反応

あらかじめ決めた行動以外の行動を無視してみてもかまいません。
うまくいったら記録しておきましょう。記録は財産になります。

6 「代わりにとってほしい行動」を考える

子どもがどんな行動をしたらほめるかという「代わりにとってほしい行動」を、あらかじめ具体的に考えておくと、「無視」のあとのほめそびれを防げます。好ましい行動が出てこないと感じたときに試してみてください。

今のその子どもができそうなことを考える

ステップ3で難しいのが、「無視」したあとでほめること。「ほめて終わらせることができない」「ほめそびれてしまう」という声をよく聞きます。

そんなときは、子どものよくある「好ましくない行動」と、「代わりにとってほしい行動」を、対応させて表に書き出しておくことをおすすめします。

その際、「代わりにとってほしい行動」としては、理想的な行動ではなく、「今のその子どもが、現実的にできそうなこと」をいくつかあげておくのがコツです。「こんな行動が出たらほめよう」と事前に考えておくと、ほめそびれを防ぐのに役立ちます。

「代わりにとってほしい行動」の例

好ましくない行動	代わりにとってほしい行動
朝の集まりの時間に大声でしゃべる	●静かに先生の話を聞く ●小さい声でしゃべる ●「シー」と合図したら口を閉じる
活動に参加しないで部屋から出ていく	●活動に参加する ●出ていかないで部屋の中にいる ●他の子どもの活動を見る

書いてみましょう

好ましくない行動	代わりにとってほしい行動

子どもが、
ここに書いた行動をはじめたらほめます。
ここに書いていない行動でも、
「好ましい行動」ならもちろんほめましょう!

STEP 3

7 ここが知りたい！「無視」についての疑問

Tトレの参加者からよくたずねられる、「無視」についての疑問や悩みにお答えします。迷ったとき、困ったときの参考にしてください

Q 「○○をやめなさい」など、注意をしなくていいのか不安

A することがないのは順調な証拠

これまでしてきた「○○をやめなさい」などの子どもに対する注意をやめて「無視」をはじめると、「子どもが自分でできたら『できたね』と言うだけ。何もしていないみたい」と不安になる方もいるようです。でも、子どもも先生も自然体で楽になれるのが「無視」のよさ。ほめる以外にすることがなくなるのは、「無視」がとてもうまくいっている証拠です。自信をもって続けてください。

Q 時間がたってからほめても無駄？

A ほめないよりはほめたほうがベター

「無視」からほめるまでの流れは、その場で完結させるのが原則ですが、先生方は忙しいですから、その場でほめそびれることもあるでしょう。でも、ほめことばの出し惜しみは無用。時間がたってからでも、「先生は見ていたよ」と伝えるのはいいことです。たとえば、お迎えの時間、保護者も一緒のときに、「今朝は○○ちゃんが元気にあいさつしてくれました。先生うれしかったよ」などと話すなど、工夫してみましょう。

Q 「きちんと指導していない」と思われそう

A 同僚に話をして協力を求めましょう

子どもをほめるときは、一人でほめるより、複数の先生でほめたほうが、より効果的。同様に、「無視」も職場の理解を得て、先生方全員の対応が同じになると、より効果的になります。同僚に「悪循環を防ぎ、子どもの自信を育むために『待ってほめる』という対応を試してみたい」などと、話しておくといいでしょう。集まりの時間などにさわいでいる子どもがいても、先生同士で目配《めくば》せし合って見て見ぬふりをする、そんなやり方を実践している保育園や幼稚園もあります。

Q さわぐ子どもを「無視」すると、他の子どももさわぎはじめる

A 「好ましい行動」をしている子どもに「注目」してほめて

クラス編成や席順を工夫するとともに、子ども同士が及ぼし合う影響力を、先生も利用することを考えて。集まりの時間に数人でも静かにできている子どもがいたら、その子どもたちをほめます。そうすれば、一度はさわぐほうにつられた子どもも、ほめられた子どものまねをしはじめます。

「「好ましい行動」をしている子どもをほめる」ことを意識すると、さわぐ子どもたちを黙らせようと注意するより、気持ちよく問題を解決することができますよ。

Q 「危険な行動」につながりそうで心配

A 「無視」しやすい行動だけでも、意識して「無視」して

高いところに登ったりと、ふだんから「危険な行動」が多い子どもの場合、「今のうちに止めなきゃ」とハラハラするのはよくわかります。ただ、「危ないことばかりする子ども」という思い込みで、実際には「危険な行動」でない行動にまで口を出していないか、振り返ってみてください。ステップ1の「行動を3つに分ける」を思い出し、『危険な行動』でないなら、見て見ぬふりをしよう」と少し意識するだけでも違ってきます。

Q 「無視」してもやめてくれない

A 「無視」してみて、やめなければ「指示」をします

子どもが、今何をしたらいいか理解していないときや、自分の世界に没頭しているときなどは、「無視」して待っていてもその「好ましくない行動」が終わらないことがあります。「この子はこんなときは、「無視」してもやめないな」と知るのも大事なTトレの成果。「無視」=「否定的な注目を与えない」ことで、「悪循環」に陥らないことも「無視」の効果のひとつなのです。経験を積むうちに、「無視」して待っているとやめる「好ましくない行動」と、「指示」が必要な「好ましくない行動」を見極められるようになります。「無視」してもやめない行動に対しては、「効果的な指示」をします。次のステップ4で「指示」のしかたを学びましょう。

STEP 4

効果的な指示のしかた

指示とは、何をしてほしいかを子どもに伝えること。
ここでは、子どもに伝わりやすい指示を出すコツを学びます。
ステップ1・2で子どもをたくさんほめ、いい関係ができていると、
より指示が通りやすくなります。

1 やるべきことを子どもに伝える——指示

子どもにしてほしいことや、やめてほしいことを伝えるのが「指示」。「指示」はお説教ではなく、子どもとのコミュニケーションのひとつです。子どもがどのように「行動」すればよいか、がスムーズに伝わる「指示」のしかたを学んでいきましょう。

待っていても

「好ましい行動」をはじめないとき
「好ましくない行動」をやめないとき

↓

「指示」をします

「指示」とは…やるべき「行動」を具体的に伝えること

［例］
「部屋に入る時間だよ」
「走らないで歩こう」

否定的にならずに真剣に伝えます

ステップ3では、「無視」をして、子どもが自主的に「好ましい行動」をはじめるのを待ちました。待っても子どもが「好ましい行動」をしなかった場合の次の手、それが「指示」です。

「指示」とは、「○○しなさい」と、子どもがやるべき「行動」を具体的に伝えることです。きちんと伝わるよう、真剣な態度で伝えますが、厳しく言う必要はありません。お説教とは違いますから、否定的なメッセージ（怒り、イライラなどの感情など）が入らないようにすることも大切です。

指示は子どもに伝わらなくては意味がありません。険悪にならず、子どもに伝わりやすい指示のしかたを、これから練習していきましょう。

「お説教」と「指示」は違います

2 「効果的な指示」のしかた

子どもが指示に従わないのは、あなたが何をしてほしいのか、その「行動」が、子どもに伝わっていないからかもしれません。子どもに伝わりやすい「指示」のしかたを知っておきましょう。

視線が合いにくい子どもの場合は、無理に視線を合わせなくても、注意が先生に向いていればOKです。

注意を引いてから簡潔に伝えます

子どもは、何かに夢中になっていると、先生の「指示」が耳に入らないことも多いもの。まず子どものそばに行って、子どもの注意を先生に引きつけましょう。視線を合わせると、先生の指示が子どもの心に届きやすくなります。また、指示が子どもに伝わったかどうか、指示を受けて子どもがどんな気持ちを抱いているか等、子どもの反応をキャッチしやすくなります。

「みなさん、○○しましょう」のように全体へ呼びかけをする場面では、自分自身が「みなさん」のなかに入っていると気づけない子どももいます。そうした子どもに指示が伝わらないと感じたときは、あらためて子どもの名前を呼んでから個別に指示を出しましょう。また、「指示」は短く、具体的に伝えます。ほめるときと要領は同じです。

3 短く具体的に指示する

「〇〇してくれる?」などの疑問形では伝わりにくいときは、「〇〇するよ」「〇〇する時間だよ」と言い切る形で伝えます。おだやかな口調で言えば、言い切っても冷たい感じにはなりません。

4 指示に従おうとしたら、すぐほめる

子どもが「指示」に従おうとしたら、どんなに小さく不十分なことでも、「25%ルール」[36ページ]ですぐにほめましょう。

指示の例

あいまいな言い方では伝わりにくい

- ×「今､何をする時間かな?」
- ×「いいかげんにしなさい」
- ×「ちゃんとやりなさい」

- 「片づけなさい」
- 「トイレに行く時間よ」
- 「座ります」
- 「ズボンをはこうね」
- 「お口を閉じます」
- 「一列に並びなさい」

具体的に子どもにしてほしい「行動」[22ページ]を伝えましょう。

3 合言葉は「CCQ」

「CCQ」は、子どもに「指示」をするときのキーワード。CCQを意識すると、「指示」の伝わりやすさが違ってくるはずです。ぜひ覚えておきましょう。

Close
［クロース］
子どもにもう少し近づいて
Calm
［カーム］
あなた自身がおだやかに
Quiet
［クワイエット］
声のトーンを抑えて静かに
距離が離れていると、大声になりがちです。近づくことで、自然と静かに、おだやかに伝えやすくなります
おだやかに「指示」をすれば、子どもからもおだやかな反応を引き出せます

内心のイライラを抑えるのに役立ちます

「指示」が必要になるのは、子どもが「好ましい行動」をはじめないときや、「好ましくない行動」を続けているとき。内心おだやかでないこともあるでしょう。でも、イライラする気持ちをそのまま出すと、「否定的な注目」を与えてしまい、肝心の「指示」した内容が子どもに伝わりにくくなります。

そこで、「指示」をするときの合言葉「CCQ」を覚えておきましょう。それぞれ「おだやかに」「近づいて」「静かに」を意味する英語の頭文字です。「指示」をする前に、心の中で「CCQ」と唱《とな》えてから、あわてずに「指示」をしてみましょう。

一度で「指示」に従わないときも、「CCQ」を忘れずに、おだやかに「指示」を繰り返します。少しでも「指示」に従ったら、「25%ルール」（36ペ

ージ」で、すかさずほめましょう。

子どもができることを現実的に考えて

あなたのクラスのちょっと気になる子どもは、あなたが一度「指示」をしたら、すぐ指示に従いそうですか?

ステップ3までで、「好ましい行動」をほめる対応や、「好ましくない行動」もしからずに「無視」をする対応を重ねてきたことで、あなたと子どもの関係は良好なものになってきているでしょう。いつもほめてくれる大好きな先生の言うことなら、子どもは聞こうと思うものです。でも、過度な期待は禁物。その子どもが今できそうなことを現実的に考えて。「一度の指示でできないのは当たり前」と心づもりをしておきましょう。おだやかさを保つのに役立ちます。

STEP 4

4 「指示」を繰り返すときのコツ

何度か「指示」を繰り返さなくてはいけないことは、よくあります。
そんな場面も想定して、
悪循環に陥らない方法を知っておきましょう。

いったん離れてから また指示してみる

子どもに同じ「指示」を繰り返す必要があるとき、ずっと子どものそばについていると、子どもはプレッシャー（威圧感）を感じるかもしれませんし、先生もイライラしがちです。「効果的な指示」［64ページ］をしても子どもがすぐ従わないようなら、いったん目をそらしてその場を去ってみましょう。

適当な間をおいたら、再びそばに行って「指

示」を繰り返します。このとき、口調がエスカレートしないように注意。「CCQ」の原則を守って、同じトーンを保ってください。

子どもが「指示」に従ったり、従おうとしたら、「25%ルール」ですぐにほめます。

何度か「指示」してもうまくいかないときは、このあと紹介するいくつかの「指示」のテクニックも使ってみてください。

5 予告をする

ここからは、「指示」が伝わりやすくなるテクニックをいくつかご紹介します。時間になる前に「もうじき○○するよ」と伝える「予告」は、行動の切り替えが苦手な子には、特に有効なテクニックです。

子どもの気持ちの切り替えを助けます

「指示」をされたとき、今していることをすぐやめて「指示」に従うのは、子どもには難しいことです。そんな子どもの気持ちの切り替えを助け、「指示」に従いやすくするテクニックが「予告」。「もう少ししたら、今していることをやめて、他のことをするよ」と、前もって子どもに伝えるというやり方です。

「あと5分遊んだら、お部屋に入るよ」のように予告されると、子どもは「あと5分遊んでいい」と許可されたように感じるので、指示に従う気持ちのゆとりが生まれます。「行動」の切り替えが難しい自閉症スペクトラム障害の特徴をもつ子どもには特に事前に予告しておくと気持ちの準備ができ、動きやすくなります。

予告をした後は、時間になったら「CCQ」で

時間で予告する

5分前に…
そうくん、長い針がお花のところに来たら、お片づけをはじめるよ
時間になったら
そうくん、ハイ、時間ですお片づけをはじめます
「あと○分でお昼寝するよ」「○時になったらお片づけだよ」という言い方では伝わらなかったり、時計が読めない子には、時計にマークをつけるなど、伝わる工夫をしましょう

回数で予告する

「指示」をして、子どもが従えたら「25％ルール」［36ページ］でほめましょう。

こんな予告のしかたも

「砂時計が全部落ちたら、ブロックを片づけるよ」

「タイマーが鳴ったら、着替えをするよ」

「10数えたら、お部屋に入るよ『1、2、3…、10!』はい、お部屋にレッツゴー!」

6 選択させる

「○○しなさい」でなく、「○○にする？ それとも△△にする？」と伝えると、子どもは思わずどちらかを選んでしまうかもしれません。子どもが「指示」に従いやすくするために、とても役立つテクニックのひとつです。

「尊重された」と感じると「指示」に従いやすくなる

子どもにシャツを着てほしいとき、「シャツを着なさい」と指示するのではなく、「白いシャツを着る？ それとも青いシャツを着る？」と2つの選択肢を示して子どもに選ばせるという「指示」の出し方があります。選ぶ権利を与えられると、強制ではなく、自分の気持ちを尊重してもらえたと感じて、「指示」に従いやすくなるものです。

子どもに出す選択肢は、どちらを選んでも「してほしい行動・こと」にします。もし子どもが選ばなくても、長々と説得したりせず、「CCQ」で簡潔に選択肢の提案を繰り返しましょう。最終的に合意に至ったら、子どもをほめます。

選択肢の例

「ひとりで片づける？
先生と一緒に片づける？」
どちらを選んでも
片づけることになります。

「今トイレに行く？
おやつのあとにする？」
どちらを選んでも
トイレに行きます。

子どもが
選ばない場合や、
子どもの提案が
不可能な場合は、
「CCQ」で選択肢を
繰り返します

それでも
選ばなかったら、
先生が決めることを
おだやかに
宣言します

最終的に
合意したら
ほめましょう

「やるの？やらないの？」はNG

「やらない」を選択されてしまうと、
おだやかではいられません。
どちらを選んでも
「してほしいことを
してくれる」ように
選択肢を
出しましょう。

7 「～したら、――できる」という取り決め

「指示」に従えたら小さな特典をもらえるという取り決めをすると、楽しい気分で、スムーズに「指示」に従うことができます。特典の内容は、「先生と手をつなげる」など、ちょっとしたことで十分です。

すぐお部屋に入ったら、今日、読む絵本を1冊選んでいいよ
これから絵本の時間が予定されている場合

子どもに合わせたちょっとしたごほうびを

「○○できたら、○○していいよ」と、指示に従えた場合の特典を示すのも、子どもの協力を引き出す方法のひとつ。特典が励みになって、「指示」に従おうとする気持ちが生まれ、ごねたり、もめたりすることが少なくなります。

特典は、子どもにとって小さなごほうび、ちょっとした楽しみになるようなことで、先生にも負担なく、気軽に与えられることを考えてください。「この子はどんなことを喜ぶかな?」と日頃から子どもの様子をよく見ておくと、子どもがその気になれる特典を上手に提示できるようになるでしょう。

子どもが提案を受け入れて「指示」に従ったら、

特典の約束を守るだけでなく、ほめることを忘れないでください。

「〜しないと、――できない」はNG

× 「今すぐ部屋に入らないと、絵本の時間なしだよ」

× 「片づけなかったら、お絵かきできませんよ」

× 「手を洗わなかったら、パズルできないよ」

自分からやってみようという意欲を引き出す特典でなく、脅して従わせる罰になってしまいます

取り決めの例

「片づけが早く終わった人は、お絵かきができます」

「お口閉じたら、先生のお隣に座っていいよ」
［先生の隣は必ず誰かが座るのですが、子どもはみんな先生の隣に座りたいと思っています。］

「歯みがきしたら、先生と手をつないでお部屋に戻ろう」
［お部屋に先生は必ずついていきますが、先生と手をつなぎたいと思っている子どもには大きな特典になります。］

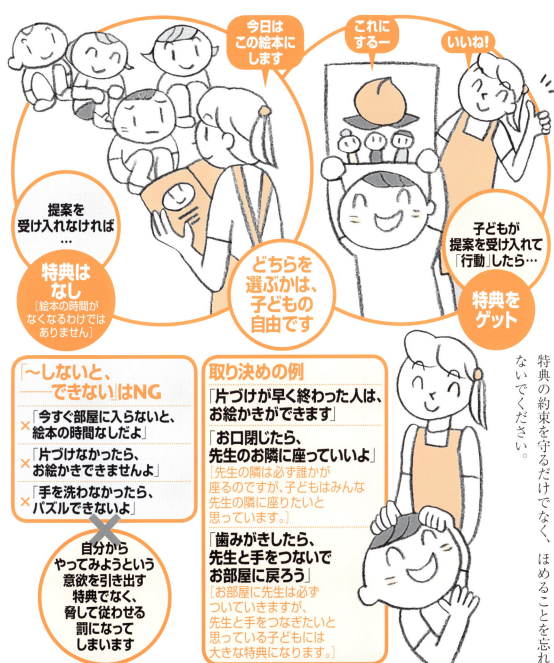

8 「指示」をしてみよう

「指示」を実際にやってみて、結果を表に記入しましょう。「CCQ」を合言葉にして「簡潔に」「具体的に」「おだやかに」など基本的なコツから練習し、慣れたら「選択させる」などのバリエーションも試してみてください。

記入例

日付	あなたが出した指示	子どもがそれに対してしたこと/言ったこと
6/30（木）	1●5分したら、おもちゃを片づけるよ	1●うん、わかった
	2●（5分後）さあ、片づける時間よ	2●えー、まだいやだ
	3●（CCQで）片づける時間よ	3●（怒って、箱におもちゃを投げ入れる）
	4●（すかさずほめる）お! 1個片づけられたね	4●（怒りながらも2個入れる）
	5●すごい! どんどん片づけているよ	5●（静かにまとめておもちゃを入れる）
	6●おー！静かにいっぱい片づけられた	6●（片づけ終わる）
	7●上手に片づけられたね	7●うん! 片づけられたよ（まんざらでもない表情）

バラエティ豊かなやりとりを楽しんで

ここまででであげたように「指示」にはいくつものバリエーションがあります。ぜひ実際にさまざまなテクニックを組み合わせたりして使ってみてください。うまくいったことは記録しておきましょう。

「指示」のしかたを変えると、子どもの反応も変わります。保育の場面に応じたいろいろな方法を練習して身につければ、子どもとのやりとりがいっそう楽しくなるでしょう。

日付	あなたが出した指示	子どもがそれに対してしたこと/言ったこと

STEP 4

9 ここが知りたい！「効果的な指示」についての疑問

Tトレの参加者からいただいた、「指示」についての疑問やうまくいかないことなどの悩みにお答えします。「指示」が難しいと感じたときの参考にしてください。

Q 特典を与えないとやらなくなるのではと心配

A 同時にほめていれば心配ありません

特典だけを与えるのでなく、同時に必ずほめるのがポイントです。ほめられて、自信がついてくると、特典やほめことばがなくてもスムーズに「指示」に従えるようになっていくものです。

Q わかりやすく「指示」しても従わない

A 子どもの今の能力に合わせることも大事です

子どもが「指示」に従わないときは、わかりやすく「指示」できているか振り返るとともに、子どもの現在の発達状況でできることを「指示」しているかどうかも確認を。

例えば、まだ自分で服のボタンをとめられない子どもに、「ボタンをとめなさい」と「指示」してもできません。「片づけなさい」でなく、「この箱にブロックを入れて」と言うなど、子どもの能力に合った、実行しやすい「指示」をするようにしてみてください。

Q 子どもの暴言をやめさせるには？

A 代わりの適切なことばを教えましょう

発達上の困難を抱える子どものなかには、その場にぴったりのことばを選んで、自分の気持ちを表現するのが苦手な子どもがいます。

そうした子どもは、例えば、「怖い」「くやしい」「悲しい」「イライラする」などの気持ちを、全部「バカ」のようなことばで表現したりします。

こんなとき、「『バカ』と言うのはやめなさい」と「指示」しても、子どもは代わりになんと言ったらいいのかがわかりません。

「さわっちゃイヤなのね」「一番がよかったんだね」など、本人の気持ちを代弁することば、その子どもが自分で覚えて言えるような、シンプルなことばをかけましょう。

Q 偏食を直すよう指示していい？

A 感覚過敏やこだわりが背景にある場合もあるので慎重に

子どもの偏食は、保育園・幼稚園や小学校だけで何とかしようとせず、保護者と相談して対応しましょう。

特に自閉症スペクトラム障害などで感覚が過敏だったり、こだわりが強かったりして食べられない子どもに、「おいしいから食べてごらん」と促すのは、逆効果かも。本人にとってはおいしくないのですから、「先生がうそをついた」ことになってしまうかもしれません。

子どもの好みを保護者に聞いて、「これなら○○くんも、食べられると思うよ」とすすめるのはいいと思います。

10 「連絡シート」を活用しよう

連携には日ごろのコミュニケーションが不可欠ですが、先生も家族も忙しく、なかなか時間が取れないのも現状です。そこで、連携に役立つツールとして「連絡シート」を活用するという方法があります。

「連絡シート」とは？

連絡シートとは、園や学校で、先生がたが子どもに「こうしてほしい」と思う「行動」を目標に選び、表にしたものです。あらかじめ決めておいた目標行動について、毎日、先生が評価します。そして子どもがその表を親に見せることで、その日、子どもが「できたこと」「がんばったこと」を家庭でもほめることができます。

「連絡シート」作成のポイント

❶目標行動を選ぶ

まずは、先生が園や学校で、「こうしてほしい」と思う目標となる行動を明確にしていきます。子どもの問題行動をあげ、現実的に子どもができる「代わりにとってほしい行動［56ページ］」を検討しておくと、適切な目標行動を設定できるでしょう。

目標行動は多くても3つ、はじめは1つか2つでもいいでしょう。複数個目標を設定する場合、子どもの「できること」「時々できること」「できないこと」を混ぜることがポイントです。「できないこと」だけを並べると、はじめはがんばるかもしれませんが、しばらくすると息切れして○をつけてもらえなくなるかもしれません。「しかられる」表にしないことが大切です。

❷場面は細かく設定する

必要に応じて「午前」「午後」など、時間や場面を細かく区切って行動を評価してみましょう。そうすることで、ある場面では○がもらえなくても、別の場面ではもらえるかもしれません。

つまり子どもは「やり直すチャンス」を手に入れることができるのです。

連絡シート●2週間分を連絡帳に貼るタイプ［例］

目標行動 ＼ 日付		／ ( )	／ ( )	／ ( )	／ ( )	／ ( )
クツをげた箱に入れる 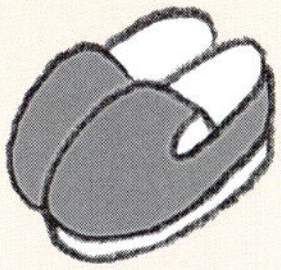						
イスに10分座る 	午前					
	午後					
お昼寝のとき、先生と一緒におふとんに入る 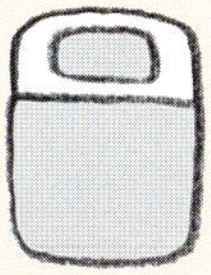						

目標行動 ＼ 日付		／ ( )	／ ( )	／ ( )	／ ( )	／ ( )
クツをげた箱に入れる 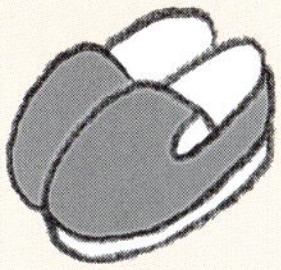						
イスに10分座る 	午前					
	午後					
お昼寝のとき、先生と一緒におふとんに入る 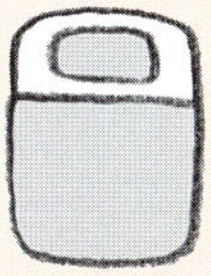						

使い方
- 子どもが目標行動をできたら「○」をつけます。
- できなかったところには「×」はつけず、空欄にします。
- 連絡帳を子どもに返すときに、子どもと一緒に表を見ながら、子どもを具体的にほめましょう。

Column

Tトレではクラスの人間関係も変えていける

先生がクラスのちょっと困った子どもへの対応を変えると、クラスメートのその子を見る目も変わります。

先生に注意されることが多い子は、クラスのほかの子からも、「よく叱られている子」と見られてしまいがち。でも、先生がその子をほめる機会を増やすと、他の子もその子に一目置いて、見習おうとしたり、積極的にかかわったりするようになるのです。

他の子どもたちの力も借りて、子どもの自信を伸ばしていきましょう。

なかくんは ふきんの 使い方が うまいね
すげー

エピローグ

幼稚園・保育園・小学校でのTトレ実践事例集

課題と解決への道すじ

保育園・幼稚園・小学校の先生がたは、
Tトレのプログラムを現場でどう活かしているのでしょうか。
またどんな困難に出会い、どう乗り越えているのでしょうか。
「まめの木クリニック」のTトレのプログラムに参加した先生がたの、
「その後」の姿を紹介します。

1 Tトレが変えた私の保育

本書で紹介したTトレのプログラムや考え方のなかで、何が印象に残っていますか？ インパクトの大きかったこと、仕事のしかたに特に大きな影響を与えたことを聞きました。

私の「ほめことば」は伝わっていなかった？

プログラムのなかでまず難しかったのが、最初のステップの「『行動』を具体的に書き出す」ことです。「好ましい行動」に「やさしい」と書いたところ、リーダーに「それは『行動』ではなくて、その子の行動を見て、先生が感じた感想や印象ですね」と投げかけられました。

『行動』を書けないということは、『行動』を具体的にほめたり、指示したりすることができていなかったということ。それまではほめたつもりでも、抽象的な、伝わらないほめ方をしていたのですね。子どもをほめることはできていたつもりだったので、衝撃でした。［保育園］

「叱らなくては」という義務感から解放された

Tトレを知るまでは、「悪い『行動』は注意しなくては」という責任感で子どもと向き合うことが多かったと思います。子どもを叱っては、「こんな伝え方でよかったのだろうか」と自問自答したり、「言いすぎてしまった」と落ち込んだりの繰り返しでした。

Tトレを学んでよかったのは、こうした不安や罪悪感から解放されたことです。「いい『行動』をほめる」という対応を学んで実践し、子どもが変わっていくのを目の当たりにしてから、保育が楽になりました。［保育園］

「叱り役」をやめることができた

小学校で生活指導を担当していると、どうしても「叱り役」「こわい先生役」を引き受けなくてはなりません。そのストレスを感じていたときに、Tトレと出会いました。

Tトレを学び、実践した1年は、それまでの15年の教員生活のなかで、最も子どもを叱らずに済んだのに、クラス運営がうまくいった1年でした。大声を出さなくても集団を動かすことができると知ったことは、大きな収穫でした。［小学校］

「ほめる」が浸透すると育ち合うクラスになる

Tトレを実践していると、クラス全体に「ほめること」が浸透していくように思います。私たちの幼稚園には、ことばがなかなか出なくて、クラスの活動に参加できない子がいましたが、子どもたちが、先生のまねをしてその子をよくほめるようになりました。「○○ちゃんが『おはよう』って言ったよ。先生聞いた?」などと、周囲の友だちから注目されて、その子は今、徐々にことばが出るようになってきています。

一時は療育施設への転園を考えていたその子の親御さんも、お子さんの様子を見て、今の幼稚園にとどまることを決めてくれました。子ども同士が及ぼし合う影響力をいい方向に導けば、子どもは驚くほど成長するのだと知りました。［幼稚園］

ラクになるって、いけないこと?

「Tトレを学ぶと、保育が楽になります」とお話しすると、「それっていいことなの?」という反応が返ってくることがあります。「先生がラクをしようとしていいのだろうか」と考える人も、中にはいるようです。

しかし、Tトレを通して「楽になった」と感じられるようになることは大切です。無理せず楽にできることでなくては、長く続けることはできません。また先生が「子どもとかかわるのが楽しい」と感じられれば、保育園や幼稚園、学校の雰囲気全体があたたかいものになっていきます。

Tトレの「楽」は、手抜きではなく、努力と工夫の結果手に入るもの。たくさん工夫をして、どんどん楽になってください。そして生まれた余力を、子どもたちをよりよくサポートするために使っていきましょう。

2 無視の難しさを どう乗り越える？

Tトレのプログラムのなかでも難しい「無視」。ちゃんと「指示」に従っている他の子どもたちの気持ちをどうくんでいくかなど、集団ならではの難しさもあります。Tトレに参加した皆さんは、現場で難しさをどう乗り越えたのか、体験談を聞きました。

葛藤を乗り越えて得た子どもからの信頼

小学校3年生のクラスで、「否定的な注目を与えないこと」を始めたときの葛藤は大変なものでした。授業中、子どもの好ましくない「行動」が目についてしかたがないのに「無視」をする。これがつらいのです。

しかし、ふだん机の上に筆箱も出さない子がたまたま教科書を出していたときにほめると、他の子どもたちもバタバタと教科書を出す…そんな成功を体験すると、「これでいいんだ」と自信がついて、落ち着いて待てるようになっていきました。そして子どもが目に見えて変わっていく様子にも励まされました。

3学期が終わったとき、困った行動の多かった子どもが、「先生がほめてくれてうれしかった。そのおかげで自分は変われた」と、泣きながら言ってくれたんです。「自分のやり方は間違っていなかった」と、そのとき確信することができました。彼はもう成人していますが、今でも連絡をくれます。［小学校］

子どもたちの気づく力を信じて

子どもたちが騒いでいるとき、私たち先生が大声を出すと、ますますエスカレートすることも。でも、「無視」をして待っていると、子ども同士で声をかけ合って静かになります。

待っているだけでは、子どもはいつまでも気づかないのでは…と不安でしたが、「無視」を実践するうちに、子どもは先生をよく見ているから大

丈夫、と思えるようになりました。［幼稚園］

イライラをユーモアに変換

子どもの好ましくないしつこい「行動」を無視していると、イライラするというよりだんだんおかしくなってきて、笑いをこらえるのが大変に。叱って険悪になるよりましと考えて、子どもとのがまん比べを楽しむのもいいのではないかと思います。［保育園］

他の子に妨げられない環境を用意する

クラス集団では、子どもの好ましくない行動を先生が「無視」して待っていても、他の子がその子を放っておかないことがあります。例えば、すばやく身支度ができない子に、他の子が口うるさく注意したり、「まだ着替えてない」と先生に言いつけにきたりして、「大丈夫よ」と伝えても納得しないことも。

そこで、着替えが遅い子には、「隣の部屋で、忍者みたいにかっこよく着替えておいで」と伝えたりします。自分のペースで着替えられるよう、他の子がいない環境を用意するなど、周りの人が「無視」できる環境を整えるということも必要だとわかりました。

また、世話好きな子に対しては、「また、おせっかいしてる！」と決めつけ、やめさせるのではなく、できない子を陰でフォローするなど、上手にサポートできたときにこっそりほめると、とても嬉しそうにしています。［保育園］

世話好きな子どもをほめて協力を引き出す

世話好きな子どもたちに、「○○ちゃんはあなたたちのことをよく見ているから、お手本になってね」「○○ちゃんもきっと自分でできるからすこし待ってね。できたら、ほめてあげて」と言ったところ、遅れがちな子のことも見守ることができるようになっていきました。

座っていられない子は先生のそばに座らせることが多いと思いますが、ときにはあえて後ろに座らせて、前の席の子どもに「座り方を見せてあげてね」と耳打ちし、ほめたりもします。「言いつけ魔」「注意魔」になりがちな子どもたちも、「先生は私のことも見てくれている」と満足できるような対応をすると、協力を引き出していけると思います。［幼稚園］

3 年齢や発達の特性によってかかわり方をどう変える？

Tトレはさまざまな子どもに活用できるものですが、子どもの年齢や発達の特性に合わせた調整も必要です。現場でのTトレの活かし方を聞きました。

2歳以下の子には「ほめる」メインの対応を

Tトレの「ほめる」は、イヤイヤ期の2歳児に対してもパワーを発揮します。一方で通用しにくいのが「無視」です。2歳以下の子は、「無視」してもまだ自分がどうすればよいのか理解できていないことが多く、行動につながらないかもしれません。ですから、大人が「指示」するなどしてかかわっていく必要があると思います。［保育園］

1、2歳児のトラブルも「CCQ」で減らせる

1、2歳児のクラスでは、「かみつき」がよく問題になりますが、かみつきは相手への怒りの発露《はつろ》というより、子どもが興奮状態にあるときに、たまたま目の前に誰かの手があった、という状況で起こることが多いようです。年度始めなどに「かみつき」の発生が多いのは、先生がバタバタして落ち着かない雰囲気を出していることが、誘因の1つとしてあるのではないでしょうか。

トラブル防止のためには、子どもを興奮させな

いこと、ビックリさせないことが大事。かみつきそうな子どもを見つけたら、遠くから「コラ！」「ダメ！」と叫ぶより、そばに行って、落ち着いた態度で止めた方が、ほかの子にケガをさせるなどエスカレートさせずにすみます。「CCQ」［66ページ］は、1、2歳児に対しても大変役に立つ対応方法だと思います。［保育園］

小学校高学年への対応も「CCQ」が重要

第二次反抗期に入る小学校5、6年生頃は、「CCQ」が特に大切だと感じています。高学年の子どもほど大声で言うことをきかせようとする先生も多いのですが、先生が大声を出すと、かえって子どもの反発を招いてしまいます。

反対に、「さっきのことだけどさ」とおだやかに諭《さと》すと、うつむいて泣き出したりすることもあります。私が大声を出さなくなってからは、「先生は、静かになったときの方が怖い」と子どもたちに言われるようになりました。［小学校］

年齢が高いほど変化はゆっくり、あせらずに

「『指示』に従いやすくなる」などの子どもの変化は、年齢が小さい方が顕著。幼児では数か月で、Tトレの効果が現れはじめます。

その点、小学生、特に高学年では変化に時間がかかるので、小学校の先生がたには苦労があると思います。でもその分、学齢期の子どもは、幼児とはまた違った手応えを先生に返してくれます。体験談［86ページ］にあるように、子ども自身が自分の変化を自覚し、子ども自身のことばを聞けるのは、保育園や幼稚園の先生では体験しにくい、小学校の先生ならではの大きな喜びでしょう。

Tトレの基本的な対応法は、幼児にも小学生にも通用します。年齢が大きいから遅すぎるということはないのです。［Tトレ・リーダー］

発達障害をもつ子にはプラスαの工夫が必要

通級指導教室では、Tトレの対応法に加えて、個々の子どもに合わせた工夫が重要になってくると感じています。例えば、無視して待つだけでは「行動」が変化しない子には、一緒に遊びながら「○分になったら△△しよう」と具体的に伝えたり、ことばによる「指示」だけでは通じにくい子には、これからすることを視覚的に見せたりしています。［小学校］

4 他の先生とどう連携する？

周りの先生がたにTトレを理解してもらえれば、職場での実践がよりやりやすくなります。職場での連携についての悩みや、協力を得るためにどんな働きかけをしているかをうかがいました。

「無視」への理解を得るのが難しい

Tトレで学んだことを、勤務する小学校の他の先生がたにも伝えようとしてきました。ほめる大切さは伝わりやすく、多くの先生が実践してくれています。

難しいのは「無視」。先生たちには「指導しなくては！」という使命感がありますから、「その場で子どもを注意しないなんてありえない」という反応が返ってきます。そこをがまんして待ってみてほしいのですが、なかなか伝わらないですね。「子どもには早めに注意して、トラブルの芽を事前に摘むべき」という考え方は根強くありますし、これまで積み重ねてきたやり方を変えたくない、という抵抗が大きい人もいます。そんな中で他の先生たちの理解を得ていくには、根気が必要だと感じています。［小学校］

成功体験が連携を強める

お昼寝の時間、寝ないで騒ぐ子が何人かいるクラスがありました。歌いながらアヒル歩きをしたり、職員の前まで来て手を振ったり……。寝ている他の子どもたちの迷惑になりますから、なかなか「無視」しにくい行動ではありません。でも、ケガをするような危険はないことがわかっていたので、事前に打ち合わせて、誰も反応しないようにしました。子どもがその行動をやめて寝るようになってくれたときは、職員同士でひそかにガッツポーズをし合いました。［保育園］

相手を否定せず強制しないスタンスで

子どもが自分でやるのを待とうと思っていても、他の先生が声をかけてしまう、ということはよくあることです。でも、子どもに対するときと同様、他の職員に対しても、また保護者に対しても、「否定的な注目」をしないようにすることが大事ではないかと思います。ですから他の先生に対しては、自分なりに「CCQ」などを実践しながら、「もしよかったら取り入れてみてください」ぐらいの気持ちで接していました。［幼稚園］

あたたかい対応を園のカラーにしたい

私たちの幼稚園は、各クラスに対応の難しい子が在籍しています。Tトレには最初、中堅クラスの先生が代表で参加していましたが、どの先生にもTトレを知ってもらえば、現場の負担が軽くなるのではないかと考えるようになりました。そこで園長と相談し、「まめの木クリニック」でのTトレ講座に、先生がたに順番に参加してもらうことにしました。２０１５年には園に講師を招き、職員全員が参加の連続講座も実施しています。

その結果、Tトレの考え方を職員間で共有できるようになり、無視なども協力し合ってスムーズに行えるようになりました。今後も園ぐるみで勉強を続けて、Tトレならではのあたたかい対応を園のカラーにしていきたいと思っています。［幼稚園］

職場全体での取り組みが望ましい

「叱らずに待っていると、他の先生に指導していないと思われてしまう」…など、Tトレのプログラムに参加した先生がたにその後の話を聞くと、職場で連携をとっていくのがなかなか難しい状況がうかがえます。個々の先生の努力だけでは、効果が上がりにくいこともあるので、保育園・幼稚園・小学校では、管理職のリードのもと、園ぐるみ、学校ぐるみの理解があると取り組みやすくなるでしょう。［Tトレ・リーダー］

5 保護者とどう連携する？

「ほめる」「せかさずに待つ」などの対応は、園・学校と家庭が連携して行っていくことで、より効果が上がります。保護者の理解と協力を得るには、どんな働きかけが有効でしょうか？

「叱ってほしい」と望む保護者も多いのが現状

「子どもを待ってみてください」「ほめてあげてください」と保護者に伝えると、「せかすのをやめるだけで、子どもって変わりますね」とTトレの考え方をわかってくれる人がいる一方で、「先生は甘い」と反論されることも。「親の言うことは聞かないから、先生からもっとビシビシ言ってください」と頼まれることもよくあります。［小学校］

家庭ならではの難しさに共感しながら

Tトレのやり方を自分の家庭でも実践したところ、家庭ならではの難しさを理解することができました。例えば「ほめる」。職場ではスムーズにできても、家庭で実践しようとすると、わが子にはなかなかうまくできないものです。

でも、ぎこちないながらもほめたら、子どもからいい反応が返ってきて、難しいからこそ意識してほめることが大事なのだと実感。保護者に対しても共感しつつ、自信をもって、「おうちでも、ちょっとしたことで良いので、ほめてみてください」とすすめられるようになりました。［幼稚園］

Tトレの対応法を対保護者にも活用

「お母さん、がんばっていますね」と25％ルール［36ページ］でほめるのは、保護者に対しても大切だと思います。また、「困っていることはないですか」「園ではこんな様子ですが、家ではどうですか」と、気持ちに寄り添うように、保護者の話を引き出すようなことばをかけています。

保護者が悩みを話してくれたら、「こうしたら」ではなく、「こんな方法もあるし、こんなやり方もありますよ」と話します。「選択させる」［72ページ］の応用です。「またお話ししましょう」と伝えて、気長につきあい、待つ姿勢も見せるようにしています。

保護者のやり方を否定するのでなく、保護者をバックアップするつもりで接すると、対立せずにあたたかい協力関係をつくっていきやすいのではないでしょうか。［幼稚園］

ほめられない保護者にどうアドバイスする?

「うちの子には、ほめるところがありません」。私たちも、保護者の方からよく聞くことばです。ほめ慣れない保護者に、いきなり「ほめてあげてください」と言っても、改善は難しいもの。まずは、「子どもの行動を3つに分ける」からやってみるよう、アドバイスするといいでしょう。

好ましい行動が見つからないという方には、「当たり前だけど、やめてほしくない行動をしているとき」や、「好ましくない行動をしていないとき」に肯定的注目をするようすすめます。「すごいね」「えらいね」などと心にもないことを言う必要はなく、「トイレに行ったのね」「座って食べられているね」と、行動をそのままことばにするだけでいいことを伝えると、実践しやすいと思います。

また、「今の声かけ、いいですね」と、先生もおうちのかたを肯定的にみてあげてくださいね。

あとがき

近年、わが国では発達障害への関心が高まり、それに伴って、保育や教育現場での効果的な対応を求める声が高まっています。本著「保育士・教師のためのティーチャーズ・トレーニング」(以下、Tトレ)は、そんな子ども達に関わり、日々、奮闘されている保育士・教師の方々を応援するためにまとめられた本です。

Tトレの基となったペアレント・トレーニング(以下、PT)は、アメリカを中心に開発された親向けのプログラムです。発達障害の心理社会的治療としてその有効性が認められ、現在、日本各地で実践が拡がっています。

PTにはいくつかの流れがあり、それぞれ対象となる障害や目的、プログラム構成が異なっています。主なものとしては、UCLAのプログラムを基に開発された「精研式(まめの木式)」「奈良式」と、発達障害児を対象に行われていた親訓練プログラムを改良した「肥前式」があります。

私は、精研(国立精神神経センター精神保健研究所)がUCLAプログラムを日本に導入する際、研修生としてその実践に関わる機会を得ました。諸先輩方がプログラムを開発する過程を間近で学び、その後、自らもPT実践に携わらせていただく中で、その効果(親子の悪循環が改善され、子どもも親も自信を取り戻し、穏やかな日常を取り戻していく)を実感することができました。しかし一方で、子どもが1日の大半を過ごす園や学校では相変わらずしかられたり、トラブルに陥ることも少なくなかったため、PTを園・学校に導入する必要性を強く感じるようになりました。

その頃、メディアでは「ADHD」の特集が組まれ、「発達障害」ということばが社会一般に認知されつつありました。また特別支援教育の本格導入を間近に控え、学校や園では発達障害に関する研修や事例検討会も盛んに開催されるようになっていました。

ＰＴは学習理論に基づく行動療法に則っており、それらは教育現場で日常的に用いられている手法の一つでもあります。また「ほめられれば良い行動が増える」という感覚は、私たちが無条件に共感できるものでもあります。そのため発達障害児への対応の一つとしてＰＴのスキル（主に「ほめる」）を紹介していたところ、熱心な先生方から「ＰＴを学びたい！」「先生向けにＰＴをしてほしい」という声があがってきたのです。

しかし当時、集団でのＰＴ経験がなかった私には、集団で配慮すべきポイントや起こりうる問題への具体的方策など、確信がもてないことが少なくありませんでした。教員免許はあるものの、小学校や園での集団指導経験のない私が、先生方を相手にプログラムリーダーとしてＰＴを運営してよいものか、そんな思いも強くあり、なかなか実践に踏み出すことができないというのが正直な気持ちでした。

そんな折、「じゃあ、集団で役立つプログラムを一緒に作りましょうよ！」と言ってくださる先生方が現れたのです。その熱意に背中を押されて２００６年、Ｔトレの第1期グループ「ほめ方研究会」をスタートさせることになりました。

初年度は小学校の先生方とＰＴと同じプログラムを2グループ実践し、集団や学校文化に必要なポイントの抽出とプログラムの修正を検討しました。翌年には東京都Ｍ市の1つの保育園が、さらにその翌年以降はＭ市公立保育園全園が4年にわたってＴトレの短縮バージョンに取り組み、実践を積み重ねてくださいました。こうやって振り返ってみますと、まさに現場の熱意から生まれ、先生方に育てていただいたプログラムだということを改めて実感します。

Ｔトレの基本スキルはＰＴのものと大きく変わりません。しかし集団を扱う園・学校特有の問題や状況に対応する工夫が盛り込まれています。保育・教育現場特有の「文化」や「困り感」にも配慮を加えたつもりです。集団での実践に際しては、最初は困難さを感じるかもしれませんが、むしろ集団だからこその効果や容易さもあることがわかりました。そんな集団ならでは魅力を本書を通して感じ、実践への弾みにしていただければと思います。

ただ、Ｔトレは決して万能ではありません。発達障害児への対応に際しては、環境調整や課題の内容・量の工夫、家庭や専門機関との連携など、様々な取り組みが必要です。しかし何事も子どもとの良好な関係性あってこそ。Ｔトレにより築かれた子どもとの良い関係をベースに、子どもの特徴に合わせた支援を進めていただければと思います。

　また本書のタイトルには「発達障害の」とありますが、定型発達の子ども達にはより早く効果が現れ、クラス運営が穏やかで楽なものになっていくことが今までの実践から明らかとなっています。今後、Ｔトレが保育・教育現場のスタンダードになっていくことを願ってやみません。

　現在、「ティーチャーズ・トレーニング」という名称は「ペアレント・トレーニング」ほど一般的なものではありません。文部科学省が教員の教職技術向上のための研修を「Teacher Training Programs」と英訳していますが、近年では、ＰＴを保育士・教師向けに応用したプログラムを「ティーチャー・トレーニング」「ティーチャーズ・トレーニング」と称し、各地で取り組みが始まっています。ＰＴ同様、それぞれプログラム内容や回数、対象者は異なっていますが、今後、それぞれのニードにあったプログラムが各現場で取り入れられ、有効に活用されていくことを期待しています。

　ちなみに私たちは「より多くの先生方に子ども達をほめてもらいたい」といった思いを込めて「ティーチャーズ・トレーニング」と複数形の「s」を付けるに至りました。また先生方の熱意に始まり、先生方の実践が形になり、先生方のお役に立つプログラムであることを願って「先生方の(Teachers')」という意味合いもこの機会に込めたいと思います。

　多くの保育士・教師の皆さんとの実践が具現化したこの本が、さらに多くの現場の先生方のお役に立ち、子どもたちがより良い日常を送れる助けになりましたら、これ以上の喜びはありません。

　最後に、これまでＴトレに取り組んできてくださった多くの保育士・教師の皆さん、Ｔトレスタートの際、多くの示唆を与えて下さった精研児童部元室長北道子先生（現、心身障害児総合医療療育センター）、そして共に実践を重ねてきたクリニックの仲間たちにこの場をお借りして深く感謝申し上げ、筆をおきたいと思います。

2016年6月
編著者を代表して
河内美恵

監修者

上林靖子［かんばやし・やすこ］

東京医科歯科大学医学部卒業。

国立国府台病院、国立精神・神経センター精神保健研究所部長、中央大学文学部教授を経て、まめの木クリニック院長。

著書に、『こうすればうまくいくADHDをもつ子の学校生活』『こうすればうまくいく発達障害のペアレント・トレーニング実践マニュアル』［監修。いずれも中央法規］ほか多数。

編著者［五十音順］

河内美恵［かわうち・みえ］

東京学芸大学大学院教育学研究科学校教育専攻心理学講座修士課程修了。

国立精神・神経センター精神保健研究所流動研究員、中央大学文学部非常勤講師を経て、まめの木クリニック臨床心理士。

その他、小学校スクールカウンセラー、ならびに特別支援専門家スタッフ等にも携わる。

著書［分担］に、『こうすればうまくいく 発達障害のペアレント・トレーニング実践マニュアル』［中央法規］ほか。

訳書［分担］に、『こうすればうまくいく ADHDを持つ子の学校生活』［中央法規］、『読んで学べるADHDの理解と対応』［明石書店］。

楠田絵美［くすだ・えみ］

立教大学大学院文学研究科心理学専攻修士課程修了。

国立精神・神経センター精神保健研究所研究生、帝京平成大学非常勤講師を経て、まめの木クリニック臨床心理士。

その他、学校での特別支援教育巡回相談等にも携わる。

著書［分担］に『こうすればうまくいく発達障害のペアレント・トレーニング実践マニュアル』［中央法規］。

福田英子［ふくだ・えいこ］

早稲田大学人間科学部人間健康科学科卒業。

国立精神・神経センター精神保健研究所研究生を経て、まめの木クリニック臨床心理士。

訳書［分担］に『こうすればうまくいく ADHDを持つ子の学校生活』、

著書［分担］に『こうすればうまくいく 発達障害のペアレント・トレーニング実践マニュアル』［いずれも中央法規］。

まめの木クリニック・発達臨床研究所

まめの木クリニックは、ADHD、自閉症、学習障害などの発達障害を持つ子どもたちを理解し支援する東京都江戸川区の児童精神科クリニックです。

治療は、家庭や学校でのかかわりを考える相談と薬物療法が中心となっています。

開院以来、ペアレント・トレーニングを積極的に行っています。

発達臨床研究所では、発達障害にかかわる人々のための研修や、学習を支援する活動に取り組んでいます。

URL:http://mamenoki-clinic.com/

協力［エピローグ］［敬称略］

田口浩美［かんしち幼稚園］●**緑川恵美子**［かんしち幼稚園］●**青木路子**［なの花保育園］

杉村純［なの花保育園］●**相馬智**［小学校教諭］

保育士・教師のためのティーチャーズ・トレーニング

発達障害のある子への効果的な対応を学ぶ

2016年7月10日　初版発行
2024年9月20日　初版第8刷発行

監修● **上林靖子**
編著● **河内美恵・楠田絵美・福田英子**
編集協力● **岡崎久美**〔WORKS〕

発行者● **荘村明彦**
発行所● **中央法規出版株式会社**
〒110-0016東京都台東区台東3-29-1　中央法規ビル
PHONE● 03-6387-3196
https://www.chuohoki.co.jp

印刷・製本● **TOPPANクロレ株式会社**
装幀● **日下充典**
本文デザイン● **KUSAKAHOUSE**
イラストレーション● **小峯聡子**

定価はカバーに表示してあります。
ISBN978-4-8058-5388-7